Albert Hourani

DIE GESCHICHTE DER ARABISCHEN VÖLKER

S. Fischer

Die englische Originalausgabe erschien 1991
unter dem Titel »A History of The Arab Peoples«
im Verlag Faber and Faber Limited, London
© 1991 Albert Hourani
Für die deutsche Ausgabe:
© 1992 S. Fischer Verlag GmbH, Frankfurt am Main
Umschlaggestaltung: Buchholz/Hinsch/Walch
Karten: Grafik Harald und Ruth Bukor
Gesamtherstellung: Clausen & Bosse, Leck
Printed in Germany 1992
ISBN 3-10-031830-7

Für meine Kollegen und Studenten am
St. Antony's College, Oxford

INHALT

Vorwort 13
Hinweis des Autors 14
Prolog 17

TEIL I DIE ERSCHAFFUNG EINER WELT
        (Siebtes bis zehntes Jahrhundert)

Kapitel 1 EINE NEUE MACHT IN EINER ALTEN WELT 27
           Die Welt, in die die Araber kamen 27
           Die Sprache der Dichtung 33
           Muhammad und das Erscheinen des Islam 35

Kapitel 2 EIN REICH WIRD GESCHAFFEN 44
           Muhammads Nachfolger: die Eroberung eines
           Reiches 44
           Das Kalifat von Damaskus 50
           Das Kalifat von Bagdad 58

Kapitel 3 DIE BILDUNG EINER GESELLSCHAFT 66
           Das Ende der politischen Einheit 66
           Eine geeinte Gesellschaft: die ökonomischen
           Grundlagen 71
           Die Einheit von Glaube und Sprache 75
           Die islamische Welt 84

Kapitel 4 DIE AUSFORMUNG DES ISLAM 89
           Die Autoritätsfrage 89
           Die Macht und die Gerechtigkeit Gottes 93
           Die schari'a 96
           Die Traditionen des Propheten 101
           Der Pfad der Mystik 103
           Der Pfad der Vernunft 107

TEIL II ARABISCH-MUSLIMISCHE GESELLSCHAFTEN
         (Elftes bis fünfzehntes Jahrhundert)

Kapitel 5 DIE ARABISCH-MUSLIMISCHE WELT   115
             Staaten und Dynastien   115
             Araber, Perser und Türken   121
             Geographische Unterteilungen   124
             Muslimische Araber und andere
             Glaubensgemeinschaften   133

Kapitel 6 DIE LÄNDLICHEN GEBIETE   136
             Das Land und seine Nutzung   136
             Stammesgesellschaften   143

Kapitel 7 DAS STÄDTISCHE LEBEN   149
             Märkte und Städte   149
             Die städtische Bevölkerung   151
             Das Gesetz und die *ulama*   154
             Sklaven   157
             Muslime und Nichtmuslime in der Stadt 158
             Frauen in der Stadt   161
             Das Gesicht der Stadt   163
             Häuser in der Stadt   167
             Die Kette der Städte   170

Kapitel 8 STÄDTE UND IHRE HERRSCHER   172
             Die Entstehung von Dynastien   172
             Das Interessenbündnis   176
             Die Kontrolle über die ländlichen Regionen 180
             Vorstellungen politischer Autorität   185

Kapitel 9 DIE WEGE DES ISLAM   192
             Die Säulen des Islam   192
             Die Freunde Gottes   199

Kapitel 10 DIE KULTUR DER ULAMA   206
             Die *ulama* und die *schari'a*   206
             Die Überlieferung des Wissens   211
             kalam   215
             al-Ghazali   217

Kapitel 11 DIVERGIERENDE GEISTIGE STRÖMUNGEN   221
             Der Islam der Philosophen   221
             Ibn Arabi und die Theosophie   225

	Ibn Taimiya und die hanbalitische Tradition	228
	Die Entwicklung der Schia	231
	Jüdische und christliche Gelehrsamkeit	236
Kapitel 12	HÖFISCHE KULTUR UND VOLKSKULTUR	239
	Herrscher und Bauten	239
	Dichtung und Erzählung	245
	Musik	249
	Das Verständnis der Welt	252

TEIL III DAS OSMANISCHE ZEITALTER
(Sechzehntes bis achtzehntes Jahrhundert)

Kapitel 13	DAS OSMANISCHE REICH	261
	Die Grenzen politischer Macht	261
	Die osmanische Regierung	267
	Die Osmanen und die islamische Tradition	276
	Das Regierungssystem in den arabischen Provinzen	281
Kapitel 14	OSMANISCHE GESELLSCHAFTEN	288
	Bevölkerung und Reichtum im Osmanischen Reich	288
	Die arabischen Provinzen	291
	Die Kultur der arabischen Provinzen	296
	Jenseits der Reichsgrenzen: Arabien, der Sudan und Marokko	301
Kapitel 15	DIE VERÄNDERUNG DES KRÄFTEGLEICHGEWICHTS IM ACHTZEHNTEN JAHRHUNDERT	308
	Zentrale und lokale Autorität	308
	Die arabisch-osmanische Gesellschaft und Kultur	313
	Die Welt des Islam	316
	Veränderte Beziehungen zu Europa	318

TEIL IV DAS ZEITALTER DER EUROPÄISCHEN IMPERIEN
(1800–1939)

Kapitel 16	EUROPÄISCHE MACHT UND REFORMREGIERUNGEN (1800–1860)	325
	Die Expansion Europas	325
	Die Anfänge des europäischen Imperiums	329
	Die Reformregierungen	335

Kapitel 17	DIE EUROPÄISCHEN IMPERIEN UND DIE HERRSCHENDEN ELITEN	
	(1860–1914)	343
	Die Grenzen der Unabhängigkeit	343
	Die Teilung Afrikas: Ägypten und der Maghreb	347
	Die Allianz der vorherrschenden Interessen	350
	Die Kontrolle des Bodens	353
	Die Lage der Menschen	358
	Die duale Gesellschaft	362
Kapitel 18	DIE KULTUR DES IMPERIALISMUS UND DIE REFORM	367
	Die Kultur des Imperialismus	367
	Der Aufstieg der Intellektuellen	370
	Die Kultur der Reform	373
	Das Aufkommen des Nationalismus	378
	Die Kontinuität der islamischen Tradition	380
Kapitel 19	DER HÖHEPUNKT EUROPÄISCHER MACHT	
	(1914–1939)	385
	Die Vorherrschaft Großbritanniens und Frankreichs	385
	Das Primat der britischen und französischen Interessen	391
	Die Immigranten und das Land	394
	Eine einheimische Elite entsteht	396
	Bemühungen um politische Einigung	401
Kapitel 20	ÄNDERUNGEN IN LEBENSWEISE UND DENKEN	
	(1914–1939)	406
	Bevölkerung und ländliche Gebiete	406
	Das Leben in den neuen Städten	409
	Die Kultur des Nationalismus	414
	Der Islam der Elite und der Massen	420
Teil V	DAS ZEITALTER DER NATIONALSTAATEN (seit 1933)	
Kapitel 21	DAS ENDE DER IMPERIEN	
	(1939–1962)	429
	Der Zweite Weltkrieg	429
	Nationale Unabhängigkeit (1945–1956)	432
	Die Suezkrise	444
	Der Algerienkrieg	448

Kapitel 22	GESELLSCHAFTLICHE VERÄNDERUNGEN	
	(Die vierziger und fünfziger Jahre)	452
	Bevölkerung und Wirtschaftswachstum	452
	Die Profite des Wachstums: Kaufleute und Grundbesitzer	458
	Die Staatsmacht	460
	Reich und Arm in der Stadt	464
Kapitel 23	NATIONALE KULTUR	
	(Die vierziger und fünfziger Jahre)	470
	Das Bildungswesen und seine Probleme	470
	Sprache und Ausdruck	474
	Islamische Bewegungen	479
Kapitel 24	DER HÖHEPUNKT DES ARABISMUS	
	(Die fünfziger und sechziger Jahre)	483
	Populärer Nationalismus	483
	Der Aufstieg des Nasirismus	490
	Die Krise von 1967	494
Kapitel 25	ARABISCHE EINIGKEIT UND UNEINIGKEIT	
	(seit 1967)	499
	Die Krise von 1973	499
	Der beherrschende Einfluß der USA	502
	Die gegenseitige Abhängigkeit der arabischen Länder	507
	Arabische Uneinigkeit	512
Kapitel 26	AUFRUHR DER GEMÜTER	
	(seit 1967)	522
	Ethnische und religiöse Spaltungen	522
	Reich und Arm	524
	Die Frauen in der Gesellschaft	528
	Ein Erbe und seine Erneuerung	531
	Die Stabilität der Regime	537
	Die Labilität der Regime	544
	ANHANG	
	Anmerkungen	551
	Die Karten	558
	Danksagung	559
	Register	561

VORWORT

Thema dieses Buches ist die Geschichte der arabischsprechenden Teile der islamischen Welt vom Aufstieg des Islam bis in unsere Zeit. In manchen Perioden mußte ich jedoch über das Thema hinausgehen, zum Beispiel bei der Betrachtung der Frühzeit des Kalifats, des Osmanischen Reiches und der Expansion des europäischen Handels und Herrschaftsgebietes. Man könnte einwenden, das Thema sei zu weit oder zu eng gefaßt, denn die Geschichte des Maghreb unterscheide sich von der Geschichte des Nahen Ostens, oder die Geschichte der Länder mit Arabisch als wichtigster Sprache lasse sich nicht getrennt von der Geschichte anderer muslimischer Länder betrachten. Irgendwo muß man jedoch eine Grenze ziehen, und ich habe sie hier gezogen – unter anderem auch wegen der Begrenztheit meines Wissens. Ich hoffe, das Buch wird zeigen, daß ein genügendes Maß an Einheit historischer Erfahrung zwischen den einzelnen Regionen besteht, um sie in einen Zusammenhang zu stellen und um so darüber zu schreiben.

Dieses Buch ist für eine allgemeine Leserschaft bestimmt, die etwas über die arabische Welt erfahren möchte, und es ist für Studienanfänger gedacht. Spezialisten wird klar sein, daß in einem Werk dieser Themenbreite vieles, was ich sage, auf der Forschungsarbeit anderer basiert. Ich habe versucht, die wesentlichen Tatsachen darzustellen und sie im Licht dessen zu interpretieren, was andere geschrieben haben. Die Bibliographie enthält die Werke der Autoren, denen ich zu Dank verpflichtet bin.

HINWEIS DES AUTORS

Geographische Begriffe

Bei einem Buch, das einen so langen Zeitraum umfaßt, mußte ich eine Entscheidung über die Schreibweisen von Namen treffen. Ich habe die Namen moderner Staaten benutzt, um geographische Regionen zu kennzeichnen, selbst wenn diese Namen in der Vergangenheit nicht in Gebrauch waren. Es erschien mir einfacher, das ganze Buch hindurch denselben Namen zu benutzen, als ihn entsprechend der geschichtlichen Periode zu ändern. Daher bezeichnet »Algerien« eine bestimmte Region in Nordafrika, obwohl dieser Name erst in der Neuzeit in Gebrauch kam. Im allgemeinen benutze ich Namen, die dem westlichen Leser vertraut sind. Das Wort »Maghreb« ist vermutlich so bekannt, daß es anstelle von »Nordwestafrika« verwendet werden kann. Bei »Maschreq« ist das nicht der Fall, und deshalb benutze ich statt dessen »Naher Osten«. Ich habe die muslimischen Teile der Iberischen Halbinsel als »Andalus« bezeichnet, denn ein Wort ist einfacher als eine Wortverbindung. Wenn ich den Namen eines heutigen souveränen Staates benutze, während ich über eine vor der Existenz dieses Staates liegende Periode schreibe, bezeichnet er eine grob definierte geographische Region; nur wenn ich über die Neuzeit schreibe, bezieht sich der Name auf das heutige Staatsgebiet. Zum Beispiel bezeichnet »Syrien« im größten Teil des Buches eine bestimmte Region mit gewissen natürlichen und sozialen Gegebenheiten und einer insgesamt einheitlichen Vergangenheit. Ab der Entstehung des Staates Syrien nach dem Ersten Weltkrieg verwende ich den Namen nur noch dafür. Ich muß wohl kaum darauf hinweisen, daß diese Handhabung kein politisches Urteil darüber beinhaltet, welche Staaten bestehen und wie ihre Grenzen verlaufen sollten.

Karte 1 enthält die wichtigsten verwendeten geographischen Begriffe.

Zur Umschrift

Für eine bessere Lesbarkeit des Textes wurde auf die wissenschaftliche Transkription verzichtet. Die englische Umschrift arabischer Namen, Wörter und Termini wurde nach den Vorschlägen der Dudenredaktion eingedeutscht. Im Deutschen nicht oder anders gebräuchliche Laute sind:

'	Stimmabsatz
th	stimmloses englisches th (thing)
dsch	stimmhaftes italienisches g (giorno)
ch	stimmloses deutsches ch (Bach)
dh	stimmhaftes englisches th (there)
r	gerolltes r
z	stimmhaftes deutsches s (Rose)
gh	Gaumen-r (norddt. Wagen)
q	tiefes k
w	englisches w (water)

Wörter, die im Deutschen vertraut sind, wurden in ihrer üblichen Form belassen (z. B. Koran statt Qur'an). Dasselbe gilt für eine Anzahl von Länder- und Städtenamen (z. B. Khartum statt Chartum). Der stimmlose Kehllaut des Arabischen wurde außer bei kursiv gesetzten Termini am Wortanfang weggelassen und in der Wortmitte bzw. am Wortende nur durch ein Apostroph als Stimmabsatzzeichen markiert (z. B. Ali, schari'a). Auch die Vokallängungen und emphatischen Laute wurden nicht berücksichtigt.

Daten

Seit frühislamischer Zeit legen Muslime der Datierung von Ereignissen den Tag von Muhammads Übersiedlung von Mekka nach Medina im Jahre 662 n. C. zugrunde. Arabisch wird diese Auswanderung als die Hidschra bezeichnet. In den europäischen Sprachen fügt man deshalb islamischen Jahresangaben die Initialen n. H. hinzu.

Das Jahr des muslimischen Kalenders hat nicht die gleiche Länge wie das christliche Jahr. Grundlage für die Berechnung des christlichen Jahres ist ein vollständiger Umlauf der Erde um die Sonne, der ungefähr dreihundertfünfundsechzig Tage dauert. Das muslimische Jahr hat zwölf Monate, die jeweils einem Mondumlauf um die Erde entsprechen. Das unter diesen

Voraussetzungen gemessene Jahr ist etwa elf Tage kürzer als das Sonnenjahr.

Informationen über die Umrechnung muslimischer Daten in christliche Daten und umgekehrt finden sich in den *Wüstenfeld-Mahlerschen Vergleichstabellen zur muslimischen und iranischen Zeitrechnung* (Wiesbaden 1961).

Die Datumsangaben in diesem Buch sind alle Daten der christlichen Zeitrechnung, es sei denn, es ist im Kontext wichtig, das muslimische Datum oder Jahrhundert anzugeben.

Im Falle von Herrschern sind die Daten der Thronbesteigung und des Todes (oder der Absetzung) angegeben, bei anderen Personen Geburts- und Sterbedatum. Ist das Datum der Geburt unbekannt, findet sich nur das Todesdatum (z. B. gest. 1456), bei noch lebenden Personen nenne ich nur das Geburtsdatum (z. B. geb. 1905). Sind nur ungefähre Lebensdaten bekannt, wird dies durch *ca.* deutlich gemacht (z. B. *ca.* 1307–1358).

PROLOG

Im Jahre 1382 bat ein arabischer Gelehrter im Dienste des Herrschers von Tunis seinen Herrn um die Erlaubnis für eine Pilgerfahrt nach Mekka. Nachdem sie ihm erteilt worden war, bestieg er ein Schiff nach Alexandrien in Ägypten. In seinem fünfzigsten Lebensjahr verließ er, wie sich herausstellte, für immer die Länder des Maghreb, in denen er und seine Vorfahren auf unterschiedlichen Gebieten eine bedeutende Rolle gespielt hatten.

Abd ar-Rahman ibn Chaldun (1332–1406) gehörte einer Familie an, die nach der arabischen Eroberung Spaniens aus dem südlichen Teil Arabiens dorthin gekommen war und sich in Sevilla niedergelassen hatte. Als die christlichen Reiche im Norden Spaniens sich ausdehnten, siedelte die Familie nach Tunis über, wie viele Familien, die traditionell im Staatsdienst oder im Bereich der Kultur gearbeitet hatten. Sie bildeten in den Städten des Maghreb (dem westlichen Teil der islamischen Welt) ein Patriziat, dessen Dienste die dortigen Herrscher gerne in Anspruch nahmen. Ibn Chalduns Urgroßvater spielte eine Rolle am Hof von Tunis, fiel aber in Ungnade und fand den Tod; sein Großvater diente dem Thron ebenfalls, sein Vater jedoch gab die Politik und den Staatsdienst auf und führte das zurückgezogene Leben eines Gelehrten. Ibn Chaldun selbst erhielt nach der Sitte der Zeit durch seinen Vater und durch Gelehrte, die in den Moscheen oder Schulen von Tunis unterrichteten oder die Stadt besuchten, eine gründliche Ausbildung. Und während er als junger Mann an anderen Orten lebte, setzte er seine Studien fort, denn es entsprach der Tradition, in der er stand, daß ein Mann Wissen bei allen suchen sollte, die es weitergeben konnten. In seiner Autobiographie erwähnt er die Namen der Lehrer, deren Vorlesungen er hörte, sowie die Fachgebiete, die sie unterrichteten: der Koran, für die Muslime das Wort Gottes, der es durch den Propheten Muhammad in arabischer Sprache offenbarte; der Hadith oder die Überlieferung dessen, was der Prophet sagte und tat; Jurisprudenz, die Wissenschaft vom Gesetz und den sozialen Normen, die formal auf Koran und Hadith ruhte; die arabische Sprache, ohne welche sich die Religionswissenschaften nicht verstehen ließen; außerdem die rationalen Wissenschaften Mathematik, Logik und Philosophie. Er berichtet Einzelheiten über die Persönlichkeit und das Leben seiner Lehrer, und er schreibt, daß die meisten von ihnen, wie seine Eltern, dem Schwarzen Tod, der großen Pest-Epidemie zum Opfer fielen, der um die Mitte des vierzehnten Jahrhunderts die Welt heimsuchte.

Schon in jungen Jahren brachten Ibn Chalduns Sprachbeherrschung und seine Kenntnis der Rechtswissenschaft ihn in die Dienste des Herrschers von Tunis – zunächst als Sekretär, später in verantwortungsvollere und daher gefährdetere Ämter. Es folgten zwanzig Jahre wechselhaften Glücks. Er verließ Tunis und diente anderen Herrschern im Maghreb; er ging nach Granada, der Hauptstadt des letzten noch überlebenden muslimischen Reiches in Spanien. Dort wurde er gunstvoll aufgenommen und mit einer Mission zu dem christlichen Herrscher Sevillas, der Stadt seiner Vorfahren entsandt. Dort aber zog er Mißtrauen auf sich und reiste überstürzt nach Algerien ab. Hier trat er neue Ämter an: Vormittags erledigte er Regierungsgeschäfte und lehrte anschließend in der Moschee. Unter seiner Mitwirkung schlossen Führer der Araber- und Berberstämme aus der Wüste und den Bergen politische Treuebündnisse mit den Herrschern, denen er diente. Der Einfluß, den er dadurch gewann, erwies sich als nützlich, wenn er, was wieder und wieder in seinem Leben geschah, bei seinem Herrn in Ungnade fiel. Einmal verbrachte er vier Jahre (1375–79) unter dem Schutz eines arabischen Stammesführers in einer Festung im algerischen Hinterland. In diesen Jahren, während er frei war von den Geschäften der Welt, verfaßte er eine große, breit angelegte Geschichte der Dynastien des Maghreb.

Der erste Teil dieser Geschichte, die *Muqaddima* (Prologomena) zieht bis auf den heutigen Tag das Interesse auf sich. Ibn Chaldun versucht darin, den Aufstieg und Fall von Dynastien auf eine Weise zu erklären, die in seiner Sicht fortan als Kriterium für die Glaubwürdigkeit historischer Aufzeichnungen dienen sollte. Die früheste und einfachste Form der menschlichen Gesellschaft, glaubte er, war die der Steppen- und Bergvölker, die Ackerbau oder Viehzucht betrieben und in lockerer Gefolgschaft zu Führern standen, die Gehorsam nicht erzwingen konnten. Solche Völker besaßen eine gewisse natürliche Tugend und Stärke, waren jedoch unfähig, aus eigener Kraft eine stabile Regierung, Städte oder Hochkulturen hervorzubringen. Dazu bedurfte es eines Herrschers mit absoluter Autorität. Und ein solcher Herrscher konnte sich nur durchsetzen, wenn es ihm gelang, eine Gruppe von Anhängern zu bilden und zu beherrschen, die *asabiya* besaßen, das heißt, Gemeinschaftsgeist, der sich darauf richtete, Macht zu erlangen und zu bewahren. Diese Gruppe ließ sich am besten aus den tatkräftigen Männern der Steppengebiete und Berge rekrutieren; eine Gruppe konnte zusammengehalten werden durch Abhängigkeiten oder das Gefühl einer tatsächlichen oder fiktiven gemeinsamen Herkunft. Gefestigt wurde sie durch eine Religion, zu der sich alle bekannten. Eine starke Gefolgschaft mit dem Gefühl der Zusammengehörigkeit ermöglichte einem Herrscher die Gründung einer Dynastie; war ihre Macht stabil, entstanden große Städte mit spezialisiertem Handwerkertum, mit Luxus und hoher Kultur.

Jede Dynastie trug jedoch den Keim ihres Niedergangs in sich. Tyrannei, Zügellosigkeit und ein Verlust der Führungsqualitäten konnten sie schwächen. Die Macht mochte vom Herrscher auf Mitglieder der eigenen Gruppe übergehen, doch früher oder später konnte die Dynastie durch eine andere, auf ähnliche Weise entstandene ersetzt werden. Wenn das geschah, verschwand oft nicht nur der Herrscher, sondern das ganze Volk, auf das sich seine Macht gegründet hatte, fiel zusammen mit der von ihm geschaffenen Lebensweise auseinander; wie Ibn Chaldun in einem anderen Zusammenhang sagt: »Bei einer allgemeinen Veränderung der Umstände ist es, als habe die gesamte Schöpfung sich verändert und die ganze Welt sich gewandelt.«[1]

Die Griechen und die Perser, »zu ihrer Zeit die größten Mächte der Welt«[2], waren von den Arabern verdrängt worden, die dank ihrer Stärke und ihres Zusammenhalts eine Dynastie hervorgebracht hatten, deren Macht sich von Arabien bis Spanien erstreckte. Aber die Araber ihrerseits waren in Spanien und im Maghreb von den Berbern und weiter im Osten von den Türken verdrängt worden.

Das wechselnde Geschick der Herrscher bestimmte das ihrer Diener. Als Ibn Chaldun nach Alexandrien reiste, stand er am Anfang einer neuen Laufbahn. Er unternahm die Pilgerfahrt nach Mekka noch nicht – das sollte er später tun –, sondern begab sich nach Kairo, das ihm als eine Stadt von besonderem Rang erschien, anders als alle Städte, die er kannte: »Metropole der Welt, Garten des Universums, Treffpunkt von Nationen, Ameisenhügel von Völkern, heilige Stätte des Islam, Sitz der Macht.«[3] Kairo war die Hauptstadt des Mamluken-Sultanats, einer der größten Staaten der damaligen Zeit, der neben Ägypten auch Syrien umfaßte. Ibn Chaldun wurde dem Herrscher vorgestellt, gewann seine Gunst und erhielt zunächst eine Leibrente und dann Anstellungen erst an einer, dann an einer zweiten königlichen Hochschule. Er sandte einen Boten an seine Familie in Tunis, um sie nachkommen zu lassen, aber sie ertranken alle auf der Schiffsreise.

Ibn Chaldun lebte bis zu seinem Tod in Kairo. Er verbrachte einen Großteil seiner Zeit mit Lesen und Schreiben, aber das Muster seines früheren Lebens wiederholte sich im Wechsel von Einfluß und Ungnade. Wenn er die Gunst des Herrschers verlor, machte er seine Feinde dafür verantwortlich, aber möglicherweise lagen die Gründe auch in seiner Persönlichkeit. Mehrmals ernannte ihn der Herrscher zum Richter an einem der obersten Gerichtshöfe, aber jedesmal gab Ibn Chaldun diese Position wieder auf oder verlor sie. Er begleitete den Sultan nach Syrien und besuchte die heiligen Stätten in Jerusalem und Hebron. Er reiste ein zweites Mal nach Syrien, als Damaskus von Timur Lenk (Tamerlan) belagert wurde, einem der großen asiatischen Eroberer, der ein Reich geschaffen hatte, das sich von Nordindien bis Syrien und Anatolien erstreckte. Ibn Chaldun führte Gespräche mit Timur Lenk; er sah in ihm ein Beispiel jener Befehlsgewalt, die sicher auf der Stärke seiner Armee und seines Volkes ruhte und auf die Timur Lenk eine neue Dynastie gründen konnte. Es gelang Ibn Chaldun nicht, Damaskus vor der Plünderung zu bewahren, aber er erreichte für sich die freie Rückreise nach Ägypten. Unterwegs indessen wurde er in den Hügeln von Palästina überfallen und ausgeraubt.

Ibn Chalduns Leben, wie er es schildert, verrät uns etwas über die Welt, der er angehörte. Es war eine Welt, welche die Menschen in ihr ständig an die Zerbrechlichkeit all ihres Strebens gemahnte. Seine eigene Laufbahn zeigt deutlich, wie unsicher die Zweckbündnisse waren, auf die Dynastien sich zur Erhaltung ihrer Macht stützten. Das Zusammentreffen mit Timur Lenk vor Damaskus machte deutlich, wie sehr der Aufstieg einer neuen Macht das Leben von Städten und Völkern beeinflußte. Außerhalb der Stadt war die Ordnung gefährdet. Der Gesandte eines Herrschers konnte ausgeraubt werden, aber ein in Ungnade gefallener Höfling konnte außerhalb des Bereichs städtischer Kontrolle Zuflucht finden. Der Tod der Eltern durch die Pest und der Tod von Frau und Kindern durch Schiffbruch war ihm eine tiefe Lehre über die Machtlosigkeit des Menschen in der Hand des Schicksals.

Eines war jedoch beständig oder schien es zu sein. Denn eine Welt, in der eine Familie aus dem südlichen Arabien nach Spanien übersiedeln, sechs Jahrhunderte später wieder etwas näher an den Ort ihrer Herkunft zurückkehren konnte und sich immer noch in vertrauter Umgebung befand, besaß eine Einheit, welche die Trennungen von Zeit und Raum überwand. Die arabische Sprache öffnete überall in dieser Welt die Türen zu Ämtern und Einfluß; ein Wissenskanon, der über Jahrhunderte hinweg durch eine bekannte Kette von Lehrern weitergegeben worden war, schützte eine sittliche Gemeinschaft vor dem Verfall, selbst wenn die Herrscher wechselten.

Pilgerstätten wie Mekka und Jerusalem waren unverrückbare Pole der menschlichen Welt, selbst wenn die Macht sich von einer Stadt in eine andere verlagerte. Und der Glaube an einen Gott, der die Welt erschaffen hatte und sie erhielt, gab den Schicksalsschlägen einen Sinn.

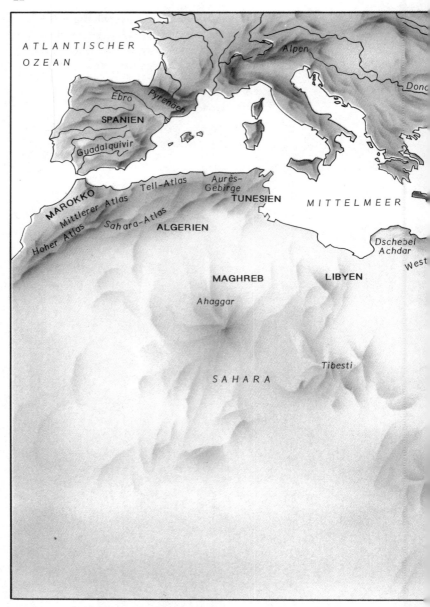

Das Gebiet, auf das sich das Buch bezieht, mit den wichtigsten geographischen Gegebenheiten

und häufig verwendeten Namen.

ERSTER TEIL

DIE ERSCHAFFUNG EINER WELT

(Siebtes bis zehntes Jahrhundert)

Zu Beginn des siebten Jahrhunderts entstand in den Randgebieten der großen Reiche der Byzantiner und der Sasaniden, die die westliche Hälfte der Welt beherrschten, eine religiöse Bewegung. In Mekka, einer Stadt im westlichen Arabien, rief Muhammad Männer und Frauen zu sittlicher Reform und zur Unterwerfung unter den Willen Gottes auf. Dieser Wille Gottes drückt sich in dem aus, was Muhammad und seine Anhänger als ihnen offenbarte göttliche Botschaften anerkannten, die später in einem Buch, dem Koran, zusammengefaßt wurden. Im Namen dieser neuen Religion, des Islam, eroberten arabische Armeen die umliegenden Länder und gründeten ein neues Reich, das Kalifat. Es umfaßte große Teile des byzantinischen Reiches, das ganze Reich der Sasaniden und erstreckte sich von Zentralasien bis Spanien. Das Machtzentrum des Reiches verlagerte sich unter den Umaiyaden-Kalifen von Arabien nach Damaskus und später unter den Abbasiden nach Bagdad im Irak.

Im zehnten Jahrhundert zerbrach das Kalifat. In Spanien und Ägypten kam es zur Bildung von rivalisierenden Kalifaten, aber die soziale und kulturelle Einheit, die sich im Inneren des Reiches entwickelt hatte, erwies sich als dauerhaft. Ein Großteil der Bevölkerung war muslimisch geworden (das heißt, zu Anhängern der Religion des Islam), doch daneben gab es auch jüdische, christliche und andere Glaubensgemeinschaften. Die arabische Sprache hatte sich ausgebreitet und wurde zum Medium einer Kultur, die Elemente der Traditionen aller in der muslimischen Welt aufgegangenen Völker in sich vereinte und die ihren Ausdruck in der Literatur, in einer Rechtsordnung, einem theologischen System und der Geisteshaltung fand. Muslimische Gesellschaften entwickelten in unterschiedlichen äußeren Umgebungen spezifische Institutionen und Formen. Die Verbindungen zwischen Ländern des Mittelmeerbeckens und denen des Indi-

schen Ozeans ließen ein einheitliches Handelsgefüge entstehen und führten zu Veränderungen in Landwirtschaft und Handwerk, die Grundlage für das Wachstum großer Städte mit einer urbanen Zivilisation wurden. Ausdruck dieser Zivilisation waren Gebäude in einem spezifisch islamischen Stil.

Kapitel 1

Eine neue Macht in einer alten Welt

Die Welt, in die die Araber kamen

Die Welt des Ibn Chaldun muß den meisten Menschen, die darin lebten, ewig erschienen sein. Doch Ibn Chaldun wußte, daß sie eine frühere verdrängt hatte. Siebenhundert Jahre vor seiner Zeit hatten die Länder, die er kannte, unter der Herrschaft »der zwei größten Mächte ihrer Zeit« ein anderes Gesicht gehabt.

Viele Jahrhunderte lang waren die Länder des Mittelmeerbeckens Teil des Römischen Reiches gewesen. Die ländlichen Gebiete brachten Getreide, Früchte, Wein und Öl hervor, und der Handel verlief auf friedlichen Seerouten. In den großen Städten hatte eine reiche Klasse vielfältigen Ursprungs Anteil an der griechischen und lateinischen Kultur des Reiches. Ab dem vierten Jahrhundert nach Christus verlagerte sich das Zentrum imperialer Macht nach Osten. Konstantinopel trat als Hauptstadt an die Stelle Roms; der Kaiser war Mittelpunkt der Loyalität und das Symbol des Zusammenhalts. Später kam es zu dem, was man eine »horizontale Teilung« genannt hat und die in anderen Erscheinungsformen bis in unsere Zeit weiterbestehen sollte. In Deutschland, England, Frankreich, Spanien und Norditalien herrschten Barbarenkönige, obwohl das Gefühl, zum Römischen Reich zu gehören, noch immer bestand. Das südliche Italien, Sizilien, die nordafrikanische Küste, Ägypten, Syrien, Anatolien und Griechenland blieben unter der direkten kaiserlichen Herrschaft Konstantinopels. In dieser geschrumpften Form war das Reich eher griechisch als römisch. (In seiner späteren Zeit wird es im allgemeinen häufiger nach Byzanz, dem früheren Namen von Konstantinopel, »byzantinisch« als »römisch« genannt.) Der Kaiser regierte durch griechischsprechende Beamte; die großen Städte im östlichen Mittelmeerraum, Antiochia in Syrien und Alexandria in Ägypten, waren Zentren griechischer Kultur und entsandten Angehörige der örtlichen Eliten in den kaiserlichen Dienst.

Eine weitere und tiefgreifendere Veränderung hatte stattgefunden. Das Reich war christlich geworden, nicht nur durch ein offizielles Dekret des Herrschers, sondern infolge von Bekehrungen auf unterschiedlichen Ebenen. Die Mehrheit der Bevölkerung war christlich, obwohl an der Schule von Athen bis ins sechste Jahrhundert heidnische Philosophen lehrten, obwohl in den Städten jüdische Gemeinden existierten und die Erinnerungen an heidnische Götter immer noch in den zu Kirchen umgewandelten Tempeln spukten. Das Christentum verlieh der Loyalität zum Kaiser eine neue Dimension und den örtlichen Kulturen seiner Untertanen einen neuen Rahmen. Christliche Vorstellungen und Symbole fanden ihren Ausdruck nicht nur im Griechischen, das in den Städten gesprochen wurde, sondern auch in den Literatursprachen der verschiedenen Regionen des Reiches: Armenisch in Ostanatolien, Syrisch in Syrien, Koptisch in Ägypten. Die Gräber von Heiligen und andere Pilgerstätten bewahrten und pflegten manchmal in einer christlichen Form die uralten Glaubensvorstellungen und religiösen Praktiken einer Region.

Die Institutionen der Selbstverwaltung griechischer Städte waren mit dem Erstarken der kaiserlichen Bürokratie verschwunden, aber Bischöfe übernahmen oft in ihrem Einflußbereich die Führung der Menschen. Als der Kaiser Rom verließ, hatte der Bischof der Stadt, der Papst, eine Möglichkeit der Machtentfaltung, wie sie den Patriarchen und Bischöfen der oströmischen Städte versagt blieb. Sie standen in enger Verbindung zur Reichsregierung, doch sie konnten immerhin die Interessen ihrer Stadt verteidigen und die Stimmung der Bewohner zum Ausdruck bringen. Auch Einsiedler oder wundertätige Heilige, die in Anatolien und Syrien an den Rändern der Städte oder des besiedelten Landes lebten, mochten als Schiedsrichter bei Streitigkeiten oder als Sprecher der ländlichen Gemeinde auftreten, und der Mönch in der ägyptischen Wüste lieferte ein Beispiel für eine Gesellschaft, die sich von der säkularen, der städtischen Welt unterschied. Neben der offiziellen orthodoxen Kirche entstanden andere, in Doktrin und Praxis von ihr abweichende Religionsgemeinschaften; sie waren entweder Ausdruck von Loyalität oder Opposition aller jener gegenüber der Zentralgewalt, die eine andere Sprache als Griechisch sprachen.

Bei den wichtigsten doktrinären Unterschieden ging es um das Wesen Christi. Das Konzil von Chalkedon hatte im Jahre 451 Christus zwei Wesen zugeschrieben: ein göttliches und ein menschliches. Die Mehrheit innerhalb der Kirche in Ost und West akzeptierte diese Formulierung, und die Reichsregierung unterstützte sie. Erst später kam es allmählich und in erster Linie als Folge der Autoritätsfrage zu einer Spaltung zwischen der

Kirche in den byzantinischen Gebieten, der griechisch-orthodoxen Kirche mit ihren Patriarchen an der Spitze des Priestertums, und der Kirche in Westeuropa, die den Papst in Rom als höchste Autorität anerkannte. Es gab jedoch Glaubensgemeinschaften, die daran festhielten, daß Christus nur ein einziges Wesen besitze, das sich aus zwei Wesen zusammensetzte. Diese monophysitische Doktrin wurde von der armenischen Kirche in Anatolien vertreten, von den meisten ägyptischen Christen (nach dem alten Namen für Ägypten »Kopten« genannt) und von vielen syrischsprachigen Christen in Syrien (als syrisch-orthodox oder nach dem Namen ihres bekanntesten Theologen als »Jakobiten« bezeichnet). Wieder andere unterschieden deutlicher zwischen den beiden Wesen Christi, um seine volle Menschlichkeit zu Lebzeiten zu behaupten. Für sie lebte das Wort Gottes seit seiner Empfängnis in dem Menschen Jesus. Diese Doktrin galt für die Nestorianer; sie wurden nach einem Denker genannt, der diese Auffassung vertrat. Ihre Kirche hatte die meisten Anhänger unter den Gläubigen im Irak, jenseits der Ostgrenze des byzantinischen Reiches. Im siebten Jahrhundert bildete sich nach dem Versuch, einen Kompromiß zwischen dem orthodoxen und dem monophysitischen Standpunkt zu finden, eine weitere Gruppierung: die Monotheleten. Sie schrieben Christus zwei Wesen, aber nur einen Willen zu.

Im Osten des byzantinischen Reiches, auf der anderen Seite des Euphrat, lag ein anderes großes Reich: das Reich der Sasaniden. Ihre Herrschaft erstreckte sich über den heutigen Iran und Irak bis nach Zentralasien. Das heute als Iran oder Persien bezeichnete Land umfaßte eine Reihe von Regionen mit hoher Kultur und alten Städten, die von unterschiedlichen ethnischen Gruppierungen bevölkert wurden. Sie waren durch Steppen oder Wüsten voneinander getrennt, und es gab keine großen Flüsse, die eine leichte Verbindung zwischen ihnen ermöglicht hätten. Von Zeit zu Zeit wurden sie von starken, langlebigen Dynastien geeint; die letzte war die Dynastie der Sasaniden, deren Macht sich ursprünglich auf die persischsprachigen Völker des südlichen Iran stützte. Die Sasaniden errichteten einen Familienstaat, der durch eine hierarchisch gegliederte Beamtenschaft regiert wurde. Sie versuchten, eine feste Grundlage für Loyalität und Einheit zu schaffen, indem sie die altiranische Religion wieder zum Leben erweckten, die traditionell mit dem Religionsstifter Zoroaster in Verbindung gebracht wurde. Nach dieser Glaubenslehre war das Universum ein Schlachtfeld, wo gute und böse Geister unter dem höchsten Gott gegeneinander kämpften. Die guten Geister würden schließlich aus eigener Kraft gewinnen, aber tugendhafte Männer und Frauen von ritueller Reinheit konnten den Sieg beschleunigen.

Nachdem Alexander der Große 334–33 vor Christus den Iran erobert hatte und ihn enger mit der Welt des östlichen Mittelmeerraumes verband, drangen Ideen der griechischen Welt nach Osten vor. Gleichzeitig verbreitete sich die Lehre Manis, eines Religionslehrers aus dem Irak, im Westen. Mani versuchte, alle Propheten und Lehrer in einem einzigen religiösen System zu vereinigen (dem Manichäismus). Unter den Sasaniden wurde die Lehre des Zoroaster in philosophischer Ausprägung, mit größerem Nachdruck auf dem Dualismus von Gut und Böse, mit einer Priesterschaft und festen Formen der Verehrung wiederbelebt und ist als Mazdaismus oder Zoroastrismus bekannt. Als Staatsreligion stützte der Mazdaismus die Macht des Herrschers. Er galt als gerechter König, der die Harmonie zwischen den verschiedenen gesellschaftlichen Klassen wahrte.

Die Hauptstadt der Sasaniden, Ktesiphon, lag nicht auf den Hochebenen des Iran, sondern im fruchtbaren und bevölkerten, von Euphrat und Tigris bewässerten Gebiet des mittleren Irak. Außer Zoroastrianern und Manichäern gab es im Irak Anhänger der nestorianischen Kirche, die im Staatsdienst eine wesentliche Rolle spielten. Dieses Gebiet war auch das wichtigste Zentrum jüdisch-religiöser Gelehrsamkeit, und es bot heidnischen Philosophen und gelehrten Medizinern aus den griechischen Städten des Mittelmeerraums Zuflucht. Die persische Sprache war in verschiedenen Formen weit verbreitet; die damalige Schriftform ist als Pahlevi bekannt. Ebenfalls verbreitet war Aramäisch, eine semitische, dem Hebräischen und Arabischen verwandte Sprache. Sie wurde zu dieser Zeit im ganzen Nahen Osten gesprochen, und eine ihrer Ausformungen ist die syrische Sprache.

Die beiden Reiche umfaßten die wichtigsten, dauerhaft besiedelten Kulturregionen der westlichen Halbkugel. Weiter südlich, zu beiden Seiten des Roten Meeres, gab es jedoch zwei andere Gesellschaften mit traditionellen Machtstrukturen, die von der Landwirtschaft und dem Handel zwischen dem Indischen Ozean und dem Mittelmeerraum lebten. Die eine war Äthiopien, ein altes Königreich mit dem koptischen Christentum als Staatsreligion. Die andere war der Jemen im Südwesten der Arabischen Halbinsel, ein Land fruchtbarer Täler und Umschlagplatz für den Fernhandel. An einem Punkt ihrer Geschichte waren diese kleinen Stadtstaaten in einem größeren Reich aufgegangen, das geschwächt wurde, als in frühchristlicher Zeit der Handel zurückging, der später jedoch wieder an Stärke gewinnen sollte. Der Jemen hatte eine eigene Sprache, die sich vom Arabischen unterschied, wie es sonst überall in Arabien gesprochen wurde, und er hatte eine eigene Religion: Priester dienten einer Vielzahl von Göttern in den Tempeln, die Pilgerstätten waren, aber auch Verwaltungszentren großer Ländereien. Die Gläubigen verrichteten dort ihre Gebete, obwohl gemeinschaftliche Formen der Verehrung unbekannt waren. In späteren Jahrhunderten drangen von Syrien auf den Handelswegen und von Äthiopien jenseits des Roten Meeres christliche und jüdische Einflüsse in den Jemen vor. Im sechsten Jahrhundert zerstörte ein dem Judaismus zugeneigter König ein christliches Zentrum, aber der christliche Einfluß nahm durch Invasionen aus Äthiopien wieder zu; an diesen Auseinandersetzungen waren auch Byzantiner und Sasaniden beteiligt.

Zwischen den großen Imperien des Nordens und den Königreichen am Roten Meer lag ein Gebiet, das sich von ihnen unterschied. Der größere Teil der Arabischen Halbinsel bestand aus Steppengebieten oder Wüste mit Oasen, in denen es genug Wasser gab, um Nahrungsmittel anzubauen. Die Bewohner sprachen arabische Dialekte und unterschieden sich auch in ihrer Lebensweise voneinander. Ein Teil lebte als Nomaden und weidete Herden von Kamelen, Schafen oder Ziegen im Umkreis der spärlichen Wasserstellen in der Wüste. Diese Völker bezeichnet man traditionell als »Beduinen«. Daneben gab es seßhafte Bauern, die in den Oasen Getreide anbauten und Palmen pflanzten, und Händler oder Handwerker, die in kleinen Marktflecken lebten. Manche verbanden auch mehrere dieser Lebensweisen miteinander. Das Gleichgewicht zwischen den Nomaden und den seßhaften Gruppen war immer gefährdet. Die beweglichen, bewaffneten Kamelnomaden stellten zwar eine Minderheit der Bevölkerung dar, doch sie erhoben sich ebenso wie die städtischen Kaufleute über die Ackerbauern und Handwerker. Auch ihr Ethos von Mut, Gastfreundschaft, Familienloyalität und Stolz auf die Abstammung dominierte. Die Nomaden standen nicht unter einer stabilen Herrschaft, sondern schlossen sich jeweils Führern aus Familien an, um die sich eine mehr oder weniger beständige Anhängerschaft scharte. Der charakteristische Dialekt der gemeinsamen Herkunft galt als ein Ausdruck für Zusammenhalt und Loyalität. Solche Gruppierungen bezeichnet man üblicherweise als Stämme.

Die Macht der Stammesführer ging von Oasen aus, wo sie enge Bindungen zu den Kaufleuten unterhielten, die den Handel im Stammesgebiet organisierten. In diesen Oasen ermöglichte es jedoch die Macht der Religion auch anderen Familien, eine andere Form von Einfluß zu gewinnen. Die Religion der Viehzüchter und Pflanzer scheint keine klaren Formen gehabt zu haben. Man sah in Steinen, Bäumen und anderen natürlichen Gegenständen die Verkörperungen örtlicher Gottheiten, die mit Gestirnen identifiziert wurden. Gute und böse Geister durchzogen die Welt in Gestalt von Tieren; Wahrsager behaupteten, übernatürliche Weisheiten zu verkünden. Aus heutigen religiösen Praktiken in Südarabien schließt man, daß die Götter nach damaliger Vorstellung in einem Heiligtum wohnten, einem *haram*, einem Bezirk oder einer Siedlung, die von Stammeskonflikten ausgeklammert blieb. Der *haram* war Ziel von Pilgerreisen und Opferplatz; er war ein Treffpunkt, und dort wurden Streitigkeiten geschlichtet. Diese heilige Stätte wurde von einer Familie behütet, die unter dem Schutz eines benachbarten Stammes stand.[1] Eine solche Familie konnte zu Macht oder Einfluß gelangen, indem sie geschickt ihr religiöses Prestige, ihre Rolle als Schlichterin von Stammesstreitigkeiten und die Gelegenheiten zum Handel nutzte.

Diese Welt des Nahen Ostens sah im sechsten und zu Beginn des siebten Jahrhunderts viele Veränderungen. Byzanz und das Sasanidenreich führten lange Kriege gegeneinander, die mit Unterbrechungen von 540 bis 629 dauerten. Die hauptsächlichen Kampfgebiete lagen in Syrien und im Irak. Für kurze Zeit drangen die Sasanidenheere bis zum Mittelmeer vor und besetzten neben den großen Städten Antiochia und Alexandrien auch das heilige Jerusalem. Aber Kaiser Heraklios drängte sie nach 620 wieder zurück. Die Sasanidenherrschaft erstreckte sich vorübergehend auch bis in das südwestliche Arabien. Dort hatte das jemenitische Reich als Folge der äthiopischen Invasionen und des Niedergangs der Landwirtschaft einen großen Teil seiner früheren Macht eingebüßt.

Die Macht und der Einfluß der Großreiche reichten bis auf die Arabische Halbinsel, und seit Jahrhunderten waren Weidenomaden vom nördlichen und zentralen Arabien in die ländlichen Teile einer Region gezogen, die man heute oft als den »Fruchtbaren Halbmond« bezeichnet: Die Bevölkerung im Inneren von Syrien, im Gebiet westlich des Euphrat im unteren Irak und in der Gegend zwischen Euphrat und Tigris im oberen Irak (Dschezira) bestand weitgehend aus Arabern. Sie brachten ihr Ethos und ihre gesellschaftlichen Organisationsformen mit sich. Manche der Stammesführer übten ihre Macht von Oasenstädten aus; sie hielten im Auftrag der Reichsregierungen andere Nomaden von den besiedelten Gebieten fern und zogen Steuern ein. Deshalb konnten sie stabilere politische Gemeinschaften schaffen, etwa die der Lachmiden mit der Hauptstadt Hira in einer Region, die nicht unter direkter Kontrolle der Sasaniden stand, und die der Ghassaniden in einem vergleichbaren Gebiet von der Größe des byzantinischen Reiches. Die Bewohner dieser Staaten erwarben politische und militärische Kenntnisse und öffneten sich Ideen und Glaubensvorstellungen, die aus den imperialen Ländern kamen; Hira war ein Zentrum des Christentums. Aus diesen Staaten, aus dem Jemen und auch durch Kaufleute, die auf den Handelswegen durch die Länder zogen, drang Kunde von der Außenwelt und ihrer Kultur nach Arabien, und es kamen auch Siedler von dort. In den Oasen des Hedschaz in Westarabien lebten jüdische Handwerker, Händler und Bauern, und in Zentralarabien gab es christliche Mönche und Konvertiten.

Die Sprache der Dichtung

Unter den Hirtenstämmen verbreitete sich offenbar das Gefühl einer kulturellen Identität; erkennbar wird das am Entstehen einer gemeinsamen, aus den arabischen Dialekten entstandenen dichterischen Sprache. Es handelte sich um eine Hochsprache mit Verfeinerungen in Grammatik und Vokabular. Sie entwickelte sich allmählich, vielleicht durch Überarbeitung eines Dialekts oder durch das Verschmelzen mehrerer Dialekte. Benutzt wurde sie von Dichtern verschiedener Stammesgruppen und in den Oasenstädten. Ihre Dichtung hat sich vielleicht aus der rhythmischen, erhabenen und gereimten Hochsprache der Anrufungen oder Zaubersprüche entwickelt, aber was uns überliefert ist, läßt sich in keiner Hinsicht als primitiv bezeichnen. Es ist das Ergebnis einer langen Tradition, zu deren Entstehung und Bereicherung nicht nur Stammestreffen und das Leben in Marktflecken beigetragen haben, sondern auch die Höfe arabischer Dynastien an den Rändern der Großreiche – ganz besonders der Hof von Hira am Euphrat, der offen war für christliche und mazdaistische Einflüsse.

Die aus dieser Tradition hervorgegangenen Regeln der Dichtkunst sind kompliziert. Die am höchsten geschätzte dichterische Form war die Ode oder *qasida*, ein Gedicht mit bis zu hundert Zeilen in einem von mehreren gültigen Metren und einem einzigen durchgehaltenen Reim. Die einzelnen Verse sind stets in Halbverse geteilt. Im ersten Vers reimen sich beide Halbzeilen, in den übrigen Versen nur die jeweils zweiten. In der Regel war jeder Vers in seiner Bedeutung abgeschlossen, und Zeilensprünge waren selten, doch das verhinderte nicht die Weiterführung von Gedanken oder Gefühlen im nächsten Vers und durch das ganze Gedicht.

Gedichte wurden nicht niedergeschrieben, obwohl das möglich gewesen wäre, denn die Schrift war auf der Arabischen Halbinsel bekannt. Inschriften in den Sprachen Südarabiens reichen Jahrhunderte zurück. Die frühesten arabischen Inschriften in aramäischer Schrift hat man auf das vierte Jahrhundert datiert. Später entwickelte sich eine eigene arabische Schrift, die möglicherweise nicht nur für Inschriften, sondern auch im Fernhandel Verwendung fand. Doch Gedichte wurden verfaßt, um öffentlich vorgetragen zu werden, entweder vom Dichter oder von einem *rawi*, einem Rezitator. Das hatte gewisse Folgen. Der Sinn oder Inhalt mußte in einer

Zeile vermittelt werden, einer Einheit aus Worten, deren Bedeutung die Zuhörer sofort erfassen konnten; jeder Vortrag war einzigartig und unterschied sich vom nächsten. Dem Dichter oder dem *rawi* blieb Raum für Improvisation innerhalb eines Rahmens allgemein akzeptierter Verbalformen oder -muster, um mit bestimmten Worten oder Wortkombinationen bestimmte Ideen oder Gefühle auszudrücken. Deshalb hat es möglicherweise keine einzig authentische Fassung eines Gedichts gegeben. Die Versionen der überlieferten Gedichte wurden sehr viel später von Philologen oder Literaturkritikern nach den linguistischen oder poetischen Normen ihrer Zeit verfaßt. Dabei haben sie möglicherweise neue Elemente in die Gedichte eingeführt, die Sprache umgeformt, damit sie ihren Vorstellungen von dem entsprach, was richtig war, und vielleicht sogar durch die Verbindung kürzerer Stücke Qasiden hergestellt. In den zwanziger Jahren unseres Jahrhunderts stellten zwei Wissenschaftler, ein Engländer und ein Ägypter, auf Grund dieser unbezweifelbaren Tatsachen die Theorie auf, daß die Gedichte selbst das Werk späterer Jahrhunderte seien. Aber die meisten, die sich mit diesem Thema eingehend beschäftigt haben, stimmen inzwischen wohl darin überein, daß die Gedichte in ihrer Substanz aus der Zeit stammen, der sie traditionell zugeschrieben wurden.

Gelehrte und Kritiker einer späteren Zeit betrachteten bestimmte Gedichte unter der Vielzahl der Überlieferungen als vollkommene Beispiele altarabischer Dichtung. Man faßte sie unter dem Begriff *Mu'allaqat* oder »aufgehängte Gedichte« zusammen, doch Ursprung und Bedeutung dieses Namens liegen im dunkeln. Die Dichter, von denen sie stammen – Labid, Zuhair, Imru' al-Qais und ein halbes Dutzend anderer –, galten als große Meister ihrer Kunst. Üblicherweise bezeichnete man die Dichtung dieser Zeit als *diwan* der Araber, als das Verzeichnis ihrer Taten oder den Ausdruck ihrer kollektiven Erinnerung. Aber der deutliche Stempel der Persönlichkeit des Dichters ist ebenfalls erkennbar.

Die späteren Kritiker und Gelehrten unterschieden im allgemeinen drei Elemente in der *qasida*, aber nur, um eine lockere Vielfalt der Praxis in eine feste Form zu bringen. Das Gedicht begann im allgemeinen mit der Beschwörung eines Ortes, an dem der Dichter einmal geweilt hatte; es konnte auch die Beschwörung einer vergangenen Liebe sein. Die Stimmung ist nicht erotisch, sondern ruft vielmehr die Vergänglichkeit des menschlichen Lebens in Erinnerung:

> Die Stätten sind unbelebt, die Plätze, an denen wir rasteten und jene, an denen wir lagerten, in Mina, Ghaul und Ridscham sind verlassen. In den Flutläufen von Raiyan sind Flußbetten nackt und glattgeschliffen, wie der Stein Inschriften bewahrt. Der

schwarze Dung liegt ungestört, seit jene, die hier rasteten, weiterzogen: Lange Jahre sind darüber hinweggegangen, Jahre heiliger und gewöhnlicher Monde. Quellen, die von den Sternen zum Fließen gebracht wurden, haben sie gespeist, und die Wasser der Gewitterwolken haben sie genährt: schwere Regengüsse und leichte Schauer, die Wolken der Nacht, jene, die den Himmel am Morgen bedecken, und die Abendwolken, deren Stimmen einander antworten.[2]

Danach folgte vielleicht eine Reise auf dem Kamelrücken, bei der der Dichter vom Kamel spricht, der Landschaft und der Jagd, und er drückt dabei aus, daß er seine Stärke und sein Selbstvertrauen wiedergewonnen hat, als er sich mit den Kräften der Natur messen mußte. Das Gedicht mag schließlich darin gipfeln, daß der Stamm des Dichters gepriesen wird:

> Ein Haus mit einem hohen Dach wurde für uns erbaut, und jung und alt versuchen gleichermaßen, seine Höhe zu erreichen [...] Sie sind es, die kämpfen, wenn der Stamm in Not ist, seine Ritter und seine Schiedsrichter. Sie sind wie die Quelle für alle, die ihre Hilfe suchen, oder für Witwen, deren Trauerjahr lang ist. Sie sind ein solcher Stamm, daß der Neid ihm nicht schaden kann, und keiner seiner Angehörigen ist so unehrenhaft, mit dem Feind zu gehen.[3]

Unter dem Lobpreis und der Prahlerei ist manchmal jedoch ein anderer Ton zu hören, der die Grenzen menschlicher Kraft angesichts der allmächtigen Natur anklingen läßt:

> Ich bin der Bürde des Lebens müde, täusche dich nicht, wer achtzig Jahre gelebt hat, wird müde. Ich weiß, was heute geschieht und was gestern geschehen ist, aber ich kann nicht sagen, was das Morgen bringen wird. Ich habe die Schicksalsgöttinnen gesehen, wie ein Kamel durch das Dunkel stapfen sehen; jene, die sie streifen, sterben, und jene, die ihnen entgehen, leben weiter, um alt zu werden.[4]

Muhammad und das Erscheinen des Islam

In der Mitte des siebten Jahrhunderts wurde eine neue politische Ordnung geschaffen, welche die gesamte Arabische Halbinsel, das ganze sasanidische Imperium und die syrischen und ägyptischen Provinzen des byzantinischen Reiches betraf. Alte Grenzen verschwanden, und neue wurden gezogen. Die herrschende Gruppe innerhalb dieser neuen Ordnung rekrutierte sich nicht aus den Völkern der großen Reiche, sondern aus Arabern. Sie kamen aus dem westlichen Arabien, zu einem großen Teil aus Mekka.

Vor dem Ende des siebten Jahrhunderts legitimierte diese herrschende arabische Gruppe ihre neue Ordnung durch eine Offenbarung, die Gott Muhammad, einem Bewohner Mekkas, in Form eines heiligen Buches, des

Korans, geschenkt hatte: eine Offenbarung, die jene vervollständigte, welche frühere Propheten oder Sendboten Gottes erhalten hatten, und den Islam begründete, eine neue Religion, die sich von Judaismus und Christentum unterschied. Die Wissenschaft streitet darüber, wie sich diese Glaubensvorstellungen entwickelten. Die arabischen Quellen, die über das Leben Muhammads und die Bildung einer Gemeinde um ihn berichten, stammen aus späterer Zeit. Der erste Biograph, dessen Werk wir kennen, schrieb es erst über ein Jahrhundert nach Muhammads Tod. Quellen in anderen Sprachen bezeugen die Eroberung eines Reiches durch die Araber, aber was sie über Muhammads Sendung berichten, unterscheidet sich von den Überlieferungen der muslimischen Tradition und muß erst noch untersucht und diskutiert werden. Andererseits besteht kaum ein Grund, daran zu zweifeln, daß der Koran im wesentlichen ein Dokument des Arabien im siebten Jahrhundert ist, auch wenn es einige Zeit gedauert haben mag, bis er seine endgültige schriftliche Form annahm. Außerdem enthalten die traditionellen Biographien und Geschichtswerke Elemente, die sehr wahrscheinlich nicht erfunden sind. Zweifellos geben solche Werke spätere Versuche wieder, Muhammad in das nahöstliche Muster eines frommen Mannes und das arabische Muster eines Mannes von vornehmer Herkunft zu pressen. Daneben sind sie auch ein Spiegelbild dogmatischer Kontroversen der Zeit und des Ortes ihrer Entstehung: des Irak im achten Jahrhundert. Trotzdem enthalten sie Tatsachen über Muhammads Leben, seine Familie und Freunde, die wahrscheinlich authentisch sind. Deshalb scheint es das beste zu sein, der traditionellen Darstellung der Ursprünge des Islam zu folgen, allerdings mit Vorsicht. Dies zu tun, bietet einen Vorteil: Da diese Darstellungen Muhammads und der Korantext ohne wesentliche Veränderungen im Geist und in der Vorstellung islamischer Gläubiger lebendig geblieben sind, ermöglichen sie ein Verständnis ihres Geschichtsbildes und ihres Ideals dessen, was das menschliche Leben sein sollte.

Der dunkelste Teil von Muhammads Leben in den Darstellungen der Biographen ist seine Frühzeit. Sie berichten, daß er im oder um das Jahr 570 in Mekka, einer Stadt im Westen Arabiens, geboren wurde. Seine Familie gehörte zum Stamm der Quraisch, wenn auch nicht zu seiner mächtigsten Sippe. Angehörige des Stammes waren Händler, die Abkommen mit den Viehzüchterstämmen der Umgebung hatten und Beziehungen nach Syrien und in den Südwesten Arabiens unterhielten. Man bringt sie auch mit dem Heiligtum der Stadt in Zusammenhang, mit der Ka'ba, wo die Bildnisse der Lokalgötter aufbewahrt wurden. Muhammad heiratete Chadidscha, eine Kaufmannswitwe, und übernahm die Führung ihrer Geschäfte. Männer, die später seine Lebensgeschichte schrieben, haben mehrere Anekdoten festgehalten, in denen eine Welt gezeichnet wird, die auf einen Führer wartet, und einen Mann, der eine Berufung sucht. Ein Gottsucher gibt seiner Sehnsucht Ausdruck, unterwiesen zu werden: »O Gott, wenn ich wüßte, wie du angebetet werden möchtest, würde ich dich anbeten. Aber ich weiß es nicht.« Jüdische Rabbiner, christliche Mönche und arabische Wahrsager verkünden das Kommen eines Propheten. Ein Mönch, dem Muhammad auf einer Handelsreise im südlichen Syrien begegnet, »blickte auf seinen Rücken und sah das Siegel des Prophetentums zwischen seinen Schultern«. Gegenstände der Natur begrüßten ihn: »Kein Stein oder Baum, an dem er vorüberkam, der nicht gesagt hätte: ›Friede sei mit dir, o Apostel Gottes!‹«.[5]

Muhammad wurde zum einsamen Wanderer in den Felsen der Wüste, und eines Tages, als er etwa vierzig Jahre alt war, geschah etwas: ein Kontakt mit dem Übernatürlichen, spätere Generationen nannten es die Nacht der Macht oder des Schicksals. Nach einer Version rief ein Engel, der in Gestalt eines Mannes am Horizont auftauchte, ihm zu, er sei zum Sendboten Gottes berufen; nach einer anderen hörte er die Stimme des Engels, der ihm befahl vorzutragen. Muhammad fragte: »Was soll ich vortragen?«, und die Stimme erwiderte:

> Sag: Im Namen deines Herrn, der erschuf,
> erschuf den Menschen aus geronnenem Blut.
> Sag: Denn dein Herr ist allgütig,
> der die Feder gelehrt,
> gelehrt den Menschen, was er nicht gewußt.
> Fürwahr! Siehe, der Mensch ist wahrlich frevelhaft,
> wenn er sich im Reichtum sieht.
> Siehe, zu deinem Herrn ist die Rückkehr.[6]

An diesem Punkt geschah etwas, das auch aus dem Leben anderer bekannt ist, die sich übernatürliche Kräfte zuschrieben: Einige, die davon erfahren, erkennen den Anspruch an, und diese Anerkennung bekräftigt wiederum den Anspruch. Es waren wenige, die dafür empfänglich waren, darunter seine Frau Chadidscha: »Frohlocke, Sohn meines Onkels, und sei guten Mutes. Bei ihm, in dessen Hand Chadidschas Seele liegt, hoffe ich, daß du der Prophet Seines Volkes sein wirst.«

Von da an verkündete Muhammad seinen Anhängern eine Reihe von Botschaften, die ihm, wie er glaubte, von einem Engel Gottes offenbart worden waren. Das Ende der Welt werde kommen; Gott, der Allmächtige, der die Menschen geschaffen hatte, werde sie alle richten; die Wonnen des Himmels und die Qualen der Hölle wurden in lebhaften Farben gemalt.

Wenn die Menschen sich im Leben dem Willen Gottes unterwarfen, konnten sie seiner Barmherzigkeit sicher sein, wenn sie gerichtet wurden. Und nach Gottes Willen sollten sie ihre Dankbarkeit durch regelmäßiges Gebet und andere Observanzen, durch Mildtätigkeit und Selbstbeherrschung auf sexuellem Gebiet bezeigen. Gott wurde als »Allah« bezeichnet, ein Name, den man bereits einem der örtlichen Götter gegeben hatte (auch arabischsprechende Juden und Christen rufen Gott heute noch so an). Die Gläubigen, die sich dem Willen Gottes unterwarfen, nannte man später Muslime; der Name ihrer Religion, der Islam, ist aus derselben Sprachwurzel abgeleitet.

Allmählich sammelte sich eine kleine Schar Anhänger um Muhammad: ein paar junge Angehörige der einflußreichen Quraisch-Sippen, einige andere aus unbedeutenderen Familien, Männer von Stämmen, die sich unter den Schutz der Quraisch gestellt hatten, und Handwerker und Sklaven. Als Muhammads Rückhalt stärker wurde, verschlechterten sich seine Beziehungen zu den führenden Sippen der Quraisch. Sie erkannten seinen Anspruch, ein Gesandter Gottes zu sein, nicht an und sahen in ihm jemanden, der ihre Lebensweise angriff. »O Abu Talib«, sagten sie zu seinem Onkel, der ihn schützte, »dein Neffe hat unsere Götter verflucht, unsere Religion beleidigt, unsere Lebensweise verhöhnt und unsere Vorväter des Irrtums beschuldigt.« Muhammads Lage verschlechterte sich, als Chadidscha und Abu Talib im selben Jahr starben.

Mit der Ausarbeitung seiner Lehre wurden die Unterschiede zu den traditionellen Glaubensvorstellungen deutlicher. Götterbilder und mit ihnen verbundene Riten wurden von ihm scharf kritisiert, neue Formen des Gottesdienstes, vor allem das regelmäßige gemeinsame Gebet, waren ebenso vorgeschrieben wie eine neue Art guter Werke. Muhammad stellte sich mit größerem Nachdruck in die Reihe der Propheten jüdischer und christlicher Tradition.

Schließlich wurde seine Lage so schwierig, daß er 622 Mekka verließ und sich in einer zweihundert Meilen nördlich gelegenen Oasensiedlung niederließ. Sie hieß Yathrib und wurde später unter dem Namen Medina bekannt. Männer aus Yathrib, die auf Handelsreisen nach Mekka gekommen waren, hatten ihm den Weg geebnet. Sie gehörten zwei verschiedenen Stämmen an und brauchten einen Schiedsrichter für ihre Stammesstreitigkeiten. Sie hatten in Nachbarschaft mit den jüdischen Bewohnern der Oase gelebt und waren bereit, eine Lehre anzunehmen, die durch einen Propheten und ein heiliges Buch verkündet wurde. Die Übersiedlung Muhammads nach Medina, die spätere Generationen als den Beginn der muslimischen Epoche betrachteten, ist als *hidschra* bekannt. Das Wort hat nicht nur die negative Bedeutung der Flucht aus Mekka, sondern die positive, daß sich jemand schutzsuchend an einem anderen als dem heimatlichen Ort niederläßt. In späteren islamischen Jahrhunderten benutzte man es, um das Verlassen einer heidnischen oder sündigen Gemeinde zugunsten einer anderen, die nach den Morallehren des Islam lebte, zu kennzeichnen. Die frühen Biographen haben die Texte von Vereinbarungen überliefert, die Muhammad und seine Anhänger angeblich mit den beiden größten Stämmen und einigen jüdischen Gruppen trafen. Diese Abkommen unterscheiden sich nicht sehr von Verträgen, die im heutigen Südarabien bei der Einrichtung eines *haram* geschlossen werden. Die Beteiligten hielten jeweils an den eigenen Gesetzen und Bräuchen fest, doch im ganzen Gebiet des *haram* herrschte Friede. Streitigkeiten wurden nicht durch Gewaltanwendung entschieden, sondern darüber urteilten »Gott und Muhammad«, und die Verbündeten gingen gemeinsam gegen alle Friedensstörer vor.

In Medina begann Muhammads Macht zu wachsen; sie strahlte innerhalb kurzer Zeit auf die ganze Oase und die umliegende Wüste aus. Er wurde bald in einen bewaffneten Kampf mit den Quraisch gezogen – möglicherweise ging es um die Kontrolle der Handelswege –, und im Verlauf der Auseinandersetzung bildete sich das Wesen der Gemeinschaft heraus. Die Muslime glaubten, es sei notwendig, für das zu kämpfen, was richtig war: »Als die Quraisch Gott gegenüber anmaßend wurden und sich seinem gnädigen Ratschluß widersetzten [...] gab er seinem Gesandten die Erlaubnis, zu kämpfen und sich zu schützen.« Sie kamen zu der Überzeugung, daß Gott und die Engel auf ihrer Seite kämpften und nahmen Niederlagen als Prüfungen hin, die Gott den Gläubigen auferlegte.

In dieser Periode der Machtausdehnung und des Kampfes nahm die Lehre des Propheten ihre endgültige Gestalt an. Die Teile des Korans, die Muhammad, wie man glaubt, zu der Zeit offenbart wurden, beziehen sich mehr als andere auf die Bestimmung der Formen ritueller Verehrung, auf die gesellschaftliche Moral, die Regeln sozialen Friedens, auf Besitz, Ehe und Erbrecht. Zu manchen Punkten werden ausdrückliche Gebote erlassen, zu anderen finden sich allgemeine Prinzipien. Gleichzeitig wird die Lehre universaler; sie richtet sich an das gesamte heidnische Arabien, implizit sogar an die ganze Welt, und sie setzt sich deutlicher von der jüdischen und der christlichen Lehre ab.

Die Entwicklung der Lehre des Propheten mag mit Veränderungen in seiner Beziehung zu den Juden von Medina in Zusammenhang stehen. Zwar bildeten sie einen Teil der ursprünglichen Allianz, aber ihre Lage wurde schwieriger, als Muhammads Missionsanspruch wuchs. Die Juden konnten ihn innerhalb ihrer Tradition nicht als echten Sendboten Gottes anerkennen, und er seinerseits beschuldigte sie, so wird es überliefert, die ihnen zuteil gewordene Offenbarung verdreht zu haben: »Ihr habt geheimgehalten, was euch befohlen wurde, offenbar zu machen.« Schließlich wurden einige jüdische Sippen vertrieben und andere getötet.

Möglicherweise infolge des Bruches mit den Juden änderte die Gemeinde beim Gebet die Richtung (*qibla*) und blickte nicht mehr nach Jerusalem, sondern nach Mekka. Auch wurde größerer Nachdruck auf die Linie spiritueller Vorväter gelegt, die Muhammad mit Abraham verband. Die Vorstellung, daß Abraham Begründer eines monotheistischen Glaubens und des Heiligtums in Mekka war, existierte bereits. Nun betrachtete man ihn weder als Juden noch als Christen, sondern als gemeinsamen Vorfahren beider und außerdem als Vorfahren der Muslime. Diese Veränderung stand auch im Zusammenhang mit einer Veränderung in Muhammads Beziehungen zu den Quraisch und Mekka. Es kam zu einer Art Interessenausgleich. Die Händler von Mekka liefen Gefahr, ihre Bündnispartner, die Führer der Beduinenstämme, und die Kontrolle über den Handel zu verlieren. Und in der Stadt selbst wuchs die Zahl der Anhänger des Islam. Eine Einigung mit der neuen Macht würde gewisse Gefahren beseitigen. Muhammads Gemeinde ihrerseits konnte sich nicht sicher fühlen, solange Mekka ihnen feindlich gesonnen war, und sie brauchten die Fähigkeiten der Patrizier von Mekka. Da man Abraham als den Gründer des *haram* von Mekka betrachtete, konnte man Mekka, wenn auch unter veränderten Vorzeichen, als Pilgerstätte zulassen.

Die Beziehungen waren 629 eng genug, um der muslimischen Gemeinde eine Pilgerreise nach Mekka zu ermöglichen. Ein Jahr später übergaben die Führer von Mekka die Stadt an Muhammad, der sie praktisch widerstandslos einnahm und die Prinzipien einer neuen Ordnung verkündete: »Jeder Anspruch aus Privilegien, Blut oder Besitz wird von mir aufgehoben; ausgenommen sind die Obhut des Tempels und die Wasserverteilung an die Pilger.«

Medina blieb jedoch seine Hauptstadt. Dort übte er die Autorität über seine Anhänger weniger durch eine reguläre Regierung als durch politische Manöver und persönlichen Einfluß aus. Einigen, wenn auch nicht allen Ehen, die er nach Chadidschas Tod schloß, lagen politische Überlegungen zugrunde. Es gab keinen durchdachten Verwaltungs- und Militärapparat, sondern schlicht Muhammad als Oberherrn mit einer Reihe von Stellvertretern, eine militärische Dienstpflicht der Gläubigen und eine Schatzkammer, die durch freiwillige Spenden und die Tributzahlungen von Stämmen gefüllt wurde, die sich ihm unterordneten. Muhammads Friede erstreckte sich über einen weiten Landstrich. Stammesführer mußten Verträge mit ihm schließen, denn er kontrollierte die Oasen und Märkte. Der Inhalt solcher Verträge wechselte. In manchen Fällen bekräftigten sie Treuebündnisse und den Verzicht auf Gewaltanwendung bei Konflikten, in anderen wurden Muhammads Prophetentum, die Pflicht zum Gebet oder die regelmäßige Zahlung finanzieller Beiträge anerkannt.

Im Jahr 632 besuchte Muhammad Mekka zum letzten Mal, und seine Rede dort wurde in den traditionellen Schriften als endgültige Erklärung seiner Botschaft festgehalten:»Wißt, daß jeder Muslim der Bruder eines Muslims ist und daß die Muslime Brüder sind.« Kämpfe zwischen ihnen sollten vermieden werden, und das Blut, das in heidnischer Zeit vergossen worden war, sollte nicht gerächt werden. Muslime sollten alle Menschen bekämpfen, bis sie sagten:»Es gibt keinen Gott außer Gott.«

Muhammad starb später im selben Jahr. Er hinterließ mehr als ein Erbe. Das erste war das seiner Persönlichkeit, gesehen mit den Augen seiner engsten Gefährten. Ihr Zeugnis, das hauptsächlich durch mündliche Überlieferung weitergegeben wurde, nahm erst viel später seine endgültige Form an und war zu dieser Zeit mit Sicherheit durch Hinzufügungen überhöht. Doch die Annahme erscheint plausibel, daß die Menschen, die Muhammad gekannt hatten und ihm gefolgt waren, schon sehr früh versuchten, ihr Verhalten an seinem auszurichten. Im Laufe der Zeit entwickelte sich ein Typus der Persönlichkeit, der bis zu einem gewissen Grad Muhammads Persönlichkeit widerspiegelt. In den Augen seiner Anhänger erscheint er als Mann, der früh im Leben nach der Wahrheit sucht, der später verwirrt ist von dem Gefühl, daß eine ungewisse Macht von oben auf ihn gefallen ist, und den es drängt zu verkünden, was ihm offenbart worden war; er gewinnt Vertrauen in seine Mission und ein Gefühl von Autorität, als sich Anhänger um ihn scharen. Er ist ein Schiedsrichter, bemüht, Frieden zu stiften und Streitfälle nach Rechtsprinzipien zu schlichten, die, wie er glaubt, göttlichen Ursprungs sind, ein geschickter Manipulator politischer Kräfte, ein Mann, der die gewohnten Formen menschlichen Handelns nicht verwirft, sondern versucht, sie in Grenzen zu halten, die nach seiner Vorstellung der Wille Gottes gezogen hat.

Wenn das Bild Muhammads allmählich ausgeschmückt und über die Generationen weitergegeben wurde, so gilt das auch für das Bild der von ihm gegründeten Gemeinde. Spätere Zeiten stellten sie als eine Gemeinschaft dar, die den Propheten verehrte, der die Erinnerung an ihn teuer war, die versuchte, seinem Pfad zu folgen, und danach strebte, durch den Islam Gott zu dienen. Zusammengehalten wurde sie von den fundamentalen Ritualen der Gottesverehrung, die alle einen kommunalen Aspekt hatten: Muslime begaben sich zur gleichen Zeit auf Pilgerreise, fasteten im selben Monat und kamen regelmäßig zum Gebet zusammen – diese Handlungen unterschieden sie am deutlichsten vom Rest der Welt.

Vor allem gab es das Erbe des Korans, eines Buches, das in einer Sprache von großer Kraft und Schönheit das Eingreifen eines transzendenten Gottes, die Quelle aller Macht und alles Guten, in die von ihm geschaffene menschliche Welt beschreibt. Es spricht von der Offenbarung des göttlichen Willens durch eine Folge von Propheten, die gesandt sind, die Menschen zu ermahnen und sie zu ihrem wahren Selbst als dankbare und gehorsame Geschöpfe zurückzuführen, von Gottes Gericht über die Menschen am Ende der Zeiten und von den Belohnungen und Strafen, die sich daraus ergeben.

Orthodoxe Muslime haben im Koran schon immer das Wort Gottes gesehen, das Muhammad in arabischer Sprache durch einen Engel zu verschiedenen Zeiten und in einer den Bedürfnissen der Gemeinde angemessenen Art geoffenbart wurde. Wenige Nichtmuslime würden diesen Glauben uneingeschränkt teilen. Im günstigsten Fall würden manche es für möglich halten, daß Muhammad in einem gewissen Sinn Eingebungen von außerhalb der menschlichen Welt erhalten hat. Aber sie werden behaupten, daß diese Eingebungen durch seine Persönlichkeit vermittelt und in seinen Worten ausgedrückt wurden. Diese Unterschiedlichkeit der Auffassungen kann nicht auf einem rein rationalen Weg aufgelöst werden; aber vielleicht können sich beide Seiten auf bestimmte Fragen einigen, die man legitimerweise zum Koran stellen darf.

Da ist zunächst die Frage danach, wann und wo er seine endgültige Form erhielt. Muhammad verkündete seinen Anhängern die Offenbarungen zu verschiedenen Zeiten, und sie bewahrten sie im Gedächtnis oder hielten sie schriftlich fest. Die meisten Gelehrten stimmen wohl darin überein, daß der Vorgang des Sammelns der unterschiedlichen Versionen und das Vorlegen eines allgemein anerkannten Textes in einer bestimmten Ordnung erst nach Muhammads Tod abgeschlossen wurde. Nach traditioneller Darstellung geschah das zur Zeit seines dritten Nachfolgers an der Spitze der Gemeinde – Uthman (644–56) –, aber es sind auch spätere Zeitpunkte genannt worden. Und einige muslimische Sekten beschuldigten andere, Material in den Text eingefügt zu haben, das nicht vom Propheten überliefert wurde.

Eine wichtigere Frage ist die nach der Originalität des Korans. Gelehrte haben versucht, ihn in den Kontext der Ideen der damaligen Zeit und seines Ursprungsortes zu stellen. Zweifellos finden sich im Koran Echos anderer Glaubenslehren: jüdische Ideen in seinen Doktrinen, Anklänge an die monastische Frömmigkeit des Ostchristentums im Ausmalen der Schrecken des Jüngsten Gerichts und in den anschaulichen Beschreibungen von Himmel und Hölle (aber nur wenige Bezüge zur christlichen Doktrin oder Liturgie); biblische Geschichten in anderen Versionen als die des Alten und Neuen Testaments und ein Widerhall der manichäischen Vorstellung von einer Folge von Offenbarungen, die verschiedenen Völkern zuteil wurden. Es finden sich im Koran auch Spuren einer heimischen, arabischen Tradition. Die Moralvorstellungen sind in mancher Hinsicht eine Weiterführung der damals in Arabien vorherrschenden Auffassung, obwohl sie in anderer mit ihnen brechen; die frühen Offenbarungen haben den Ton der Prophezeiungen arabischer Wahrsager und geben stammelnd Kunde von dem Gefühl einer Begegnung mit dem Übernatürlichen.

Solche Spuren der Vergangenheit müssen einen Muslim nicht bekümmern; er kann sie als Zeichen dafür betrachten, daß Muhammad am Ende einer Reihe von Propheten stand, die alle dieselbe Wahrheit verkündeten. Um wirkungsvoll zu sein, mochte die endgültige Offenbarung bereits bekannte und verstandene Worte und Bilder benutzen, und wenn Ideen oder Geschichten im Koran eine andere Form annahmen, lag das vielleicht daran, daß Anhänger der früheren Propheten die durch sie empfangene Botschaft entstellt hatten. Einige nichtmuslimische Wissenschaftler sind jedoch zu einer anderen Schlußfolgerung gelangt. Sie sagen, der Koran enthält wenig mehr als Entlehntes jener Vorstellungen und Ideen, die Muhammad in seiner Zeit und an seinem Ort zugänglich waren. Wer das behauptet, mißversteht jedoch, was Originalität bedeutet: Was immer von der religiösen Kultur der damaligen Zeit Übernommenes war, wurde so abgewandelt und umgeformt, daß für alle, die die Botschaft annahmen, die vertraute Welt neu erschaffen war.

Kapitel 2

Ein Reich wird geschaffen

Muhammads Nachfolger: die Eroberung eines Reiches

Muhammads Tod löste bei seinen Nachfolgern im ersten Augenblick Verwirrung aus. Abu Bakr, einer ihrer Führer, verkündete der Gemeinde: »O ihr Männer, wenn ihr Muhammad anbetet, ist Muhammad tot. Wenn ihr Gott anbetet, lebt Gott.« Aber auf Erden gab es eine Aufgabe, die zu erfüllen war. Es mußte ein Schiedsrichter bei Streitfällen und ein Entscheidungsträger innerhalb der Gemeinde gefunden werden. Muhammads Anhänger bestanden aus drei Gruppen: die frühen Gefährten, die ihn bei der *hidschra* begleitet hatten – diese Gruppe war durch Heiraten untereinander verbunden –, die einflußreichen Männer von Medina, die dort den Pakt mit ihm geschlossen hatten, und die in der Mehrzahl erst vor kurzem konvertierten Mitglieder der führenden Familien von Mekka. Bei einem Treffen der engen Gefolgsleute und Führer wurde ein Mann der ersten Gruppe zum Nachfolger (*chalifa* – daher das deutsche Wort »Kalif«) des Propheten gewählt: Abu Bakr, ein Gefährte der ersten Stunde, dessen Tochter A'ischa eine Frau des Propheten war.

Der Kalif war kein Prophet. Er war das Oberhaupt der Gemeinde, jedoch in keinem Sinne des Wortes ein Gesandter Gottes; er konnte nicht den Anspruch erheben, Verkünder weiterer Offenbarungen zu sein. Trotzdem umgab eine Aura der Heiligkeit und der Gotteswahl die Person und das Amt der frühen Kalifen; und diese Kalifen nahmen auch eine gewisse religiöse Autorität für sich in Anspruch. Abu Bakr und seine Nachfolger sahen sich bald aufgerufen, die Führung in einem größeren Umfang als Muhammad zu übernehmen. In Muhammads Lehre und Handeln lag implizit ein Universalismus: Der Prophet beanspruchte universale Autorität, der von ihm eingerichtete *haram* hatte keine natürlichen Grenzen; in seinen letzten Jahren waren militärische Expeditionen in die Grenzgebiete des Byzantinischen Reiches entsandt worden, und angeblich hatte Muhammad die

Herrscher der großen Reiche durch Emissäre aufgefordert, seine Botschaft anzunehmen. Nach seinem Tod drohten die Bündnisse zu zerbrechen, die er mit den Stammesführern geschlossen hatte. Einige wiesen nun seine Ansprüche auf das Prophetentum oder zumindest die politische Kontrolle durch Medina zurück. Um dieser Herausforderung zu begegnen, griff die Gemeinde unter Abu Bakr zu militärischen Aktionen (die Kriege der *ridda*). Zunächst wurde ein Heer geschaffen, und der Schwung siegreicher Schlachten trug die Krieger erst in die Grenzregionen der großen Reiche, und als sich der Widerstand dort als schwach erwies, in ihr Herz. Am Ende der Herrschaft des zweiten Kalifen, Umar ibn al-Chattab (634–44), waren ganz Arabien, ein Teil des Sasanidenreiches und die syrischen und ägyptischen Provinzen des Byzantinischen Reiches erobert; kurze Zeit später wurde der Rest des sasanidischen Gebietes besetzt.

In einem Zeitraum von wenigen Jahren waren die politischen Grenzen im Nahen Osten verändert worden, und das Zentrum des politischen Lebens hatte sich vom reichen, dicht bevölkerten Gebiet des Fruchtbaren Halbmondes in eine Kleinstadt verschoben, die am Rande der Welt von Reichtum und hoher Kultur lag. Der Wandel war so abrupt und unerwartet, daß er einer Erklärung bedarf. Von Archäologen entdecktes Material weist darauf hin, daß der Wohlstand und die Stärke der mediterranen Welt zerfielen, zum einen durch Barbareninvasionen, durch das Nachlassen landwirtschaftlicher Erträge und das Schrumpfen städtischer Märkte. Sowohl das byzantinische als auch das sasanidische Reich waren durch Pestepidemien und lange Kriege geschwächt. Byzanz hatte seine Kontrolle über Syrien erst nach dem Sieg über die Sasaniden im Jahre 629 wiederhergestellt, aber sie blieb zerbrechlich. Das arabische Heer, das in die beiden Reiche einmarschierte, war keineswegs eine Stammeshorde, sondern eine gut organisierte Streitmacht, und eine Anzahl der ihr angehörenden Soldaten hatte militärische Erfahrung im Dienste der großen Reiche oder während der Kämpfe nach dem Tod des Propheten erworben. Der Einsatz von Kamelen als Fortbewegungsmittel verschaffte ihnen einen Vorteil bei Feldzügen über große Entfernungen. Die Aussichten auf Land und Reichtum verbanden sie zu einer Interessengemeinschaft, und vielen verlieh die glühende Überzeugung, dem rechten Glauben zu dienen, eine besondere Art Stärke.

Vielleicht läßt sich jedoch eine andere Erklärung dafür finden, daß die Bevölkerung der unterworfenen Länder die arabische Herrschaft hinnahm. Für die meisten dieser Menschen machte es keinen Unterschied, ob sie von Iranern, Griechen oder Arabern regiert wurden. Die Herrschaft wirkte sich zum größten Teil nur auf das Leben in den Städten und ihrem direkten Hinterland aus. Und abgesehen von Beamten, von Angehörigen der Klassen, deren Interessen sich mit denen der Beamtenschaft verbanden, und den Hierarchien einiger religiöser Gemeinschaften interessierte es auch die Stadtbewohner vermutlich nicht sonderlich, wer über sie herrschte, solange sie sicher und friedlich lebten und die Steuern ein vernünftiges Maß nicht überschritten. Die Menschen auf dem Land und in der Steppe unterstanden ihren eigenen Anführern und hatten ihre eigenen Sitten und Gebräuche. Ihnen war es gleichgültig, wer in den Städten herrschte. Manchen brachte es sogar Vorteile, daß Griechen und Iraner durch die Araber ersetzt worden waren. Jenen, die als Häretiker in Opposition zur byzantinischen Macht standen, fiel es möglicherweise leichter, unter einem Herrscher zu leben, der den verschiedenen christlichen Gruppierungen unparteiisch gegenüberstand, besonders da die neue Religion, deren Doktrin und Glaubensgesetze noch nicht voll entwickelt waren, ihnen nicht fremd erscheinen mochte. In den Teilen Syriens und des Irak, die bereits von Volksstämmen arabischer Herkunft und Sprache bewohnt wurden, bereitete es den Anführern keine Schwierigkeiten, ihre Loyalität von den Kaisern auf die neue arabische Allianz zu übertragen, um so mehr, als sie vorher unter der Herrschaft der Lachmiden und Ghassaniden gestanden hatten, der arabischen Vasallenstaaten der beiden Großreiche, die nun verschwunden waren.

Mit der Erweiterung des unterworfenen Gebietes mußte sich auch die Form ändern, in der es regiert wurde. Die Eroberer übten ihre Macht von befestigten Feldlagern aus, in denen die arabischen Krieger stationiert waren. In Syrien befanden sich diese Lager in bereits bestehenden Städten, aber anderswo wurden neue Siedlungen gegründet: Basra und Kufa im Irak, Fustat in Ägypten (daraus entwickelte sich später Kairo) und andere an der nordöstlichen Grenze in Chorasan. Als Machtzentren waren diese Feldlager Anziehungspunkte für Einwanderer aus Arabien und den eroberten Ländern, und sie wuchsen und wurden Städte mit dem Statthalterpalast und der Moschee, dem öffentlichen Versammlungsplatz, als Mittelpunkt.

In Medina und den mit ihr durch Landverbindungen verknüpften Heerlager-Städten lag die Macht in den Händen einer neuen herrschenden Gruppe. Einige ihrer Angehörigen waren Gefährten des Propheten, frühe und treue Gefolgsleute, aber ein Großteil entstammte Familien aus Mekka und der nahe gelegenen Stadt Ta'if. Dies waren Männer von hohem militärischen und politischen Geschick. Als die Eroberungen andauerten, vergrößerte sich diese Gruppe durch Mitglieder führender Nomadensippen, wozu auch jene gehörten, die nach dem Tod des Propheten versucht hatten, die Herrschaft Medinas abzuschütteln. Die verschiedenen Gruppierungen vermischten sich bis zu einem gewissen Grad miteinander. Der Kalif Umar schuf ein Entlohnungssystem für alle, die im Namen des Islam gekämpft hatten. Es war nach militärischem Rang und dem Zeitpunkt des Übertritts abgestuft und verstärkte den Zusammenhalt der herrschenden Elite oder zumindest die Absonderung von denen, über die sie herrschte. Zwischen den neureichen Mitgliedern der Elite und den ärmeren Volksgruppen gab es schon seit früher Zeit Anzeichen von Spannungen.

Trotz des grundsätzlichen Zusammenhalts war die Gruppe durch persönliche Differenzen und Fraktionsinteressen gespalten. Die alten Gefährten des Propheten betrachteten die später Bekehrten, die die Macht mit ihnen teilten, mit Mißtrauen. Ansprüche, die sich auf eine frühe Bekehrung und enge Bindungen an Muhammad beriefen, stießen mit Ansprüchen zusammen, die auf Adel, alter und ehrwürdiger Abstammung gründeten. Die Bewohner von Medina erlebten, daß die Macht sich mehr und mehr in den Norden verschob, in die reicheren und dichter bevölkerten Länder Syrien und Irak, wo die Statthalter versuchten, sich von Medina unabhängig zu machen.

Diese Spannungen drängten unter der Herrschaft von Uthman ibn Affan (644–56), des dritten Kalifen, an die Oberfläche. Er wurde von einer kleinen Gruppe von Quraisch gewählt, nachdem der Kalif Umar aus persönlicher Rache ermordet worden war. Er schien Hoffnungen auf die Versöhnung der rivalisierenden Fraktionen zu bieten, denn er gehörte zum Kern der Quraisch, hatte sich aber früh zum Islam bekannt. Er betrieb jedoch Familienpolitik und ernannte Mitglieder seiner Sippe zu Provinzstatthaltern, was den Widerstand sowohl der Söhne der Prophetengefährten in Medina als auch von A'ischa, der Witwe des Propheten, und von Gruppen in Kufa und Fustat heraufbeschwor. Auch einige Stämme lehnten sich gegen die Herrschaft der Männer aus Mekka auf. Unruhen in Medina, bei denen die Widerstandsgruppen durch Krieger aus Ägypten unterstützt wurden, führten 656 zu Uthmans Ermordung.

Damit begann die erste Periode des Bürgerkriegs innerhalb der Gemeinde. Der nächste Anwärter auf das Kalifat, Ali ibn Abi Talib (656–61), war ein Quraischit, ein Frühbekehrter und Vetter Muhammads, der mit dessen Tochter Fatima verheiratet war. Er sah sich einer doppelten Opposition gegenüber. Uthmans Sippe stellte sich gegen ihn, aber das taten auch andere, die die Gültigkeit seiner Wahl anzweifelten. Der Machtkampf in Medina wurde in die Heerlager getragen. Ali erklärte sich in Kufa selbst zum Kalifen, die Dissidenten setzten sich in Basra fest. Er besiegte sie, stand dann aber sofort vor einer neuen Herausforderung aus Syrien. Der

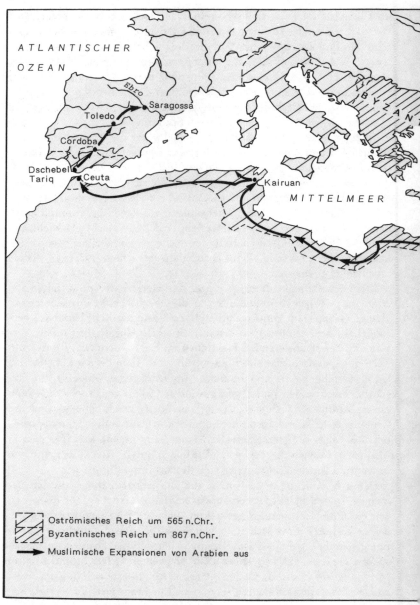

Die Expansion des islamischen Reiches.

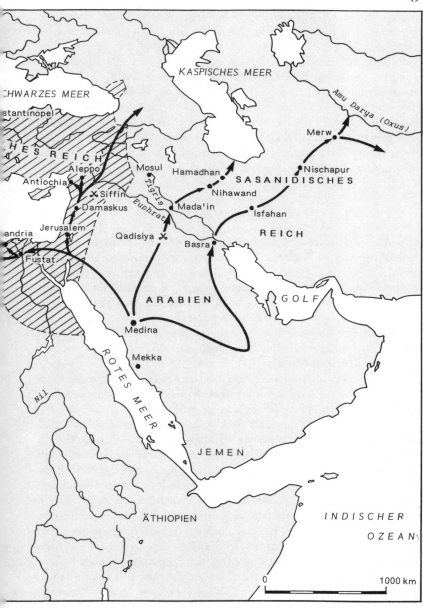

dortige Statthalter, Mu'awiya ibn Abi Sufyan, war ein enger Verwandter Uthmans. Die beiden Streitmächte trafen bei Siffin am Oberlauf des Euphrat aufeinander, aber nach anfänglichen Kämpfen einigte man sich auf ein Schiedsgericht von Delegierten beider Seiten. Als Ali dem zustimmte, verließen ihn einige seiner Anhänger, die nicht bereit waren, einen Kompromiß hinzunehmen und, wie sie sagten, den Willen Gottes menschlichem Urteil zu unterwerfen; die Ehre der frühen Bekehrung zum Islam stand auf dem Spiel. Während der monatelangen Beratungen der Delegierten schwand Alis Rückhalt, und er wurde schließlich in Kufa, seiner eigenen Stadt, ermordet. Mu'awiya rief sich zum Kalifen aus, und Hasan, Alis ältester Sohn, fügte sich dem stillschweigend.

Das Kalifat von Damaskus

Die Machtübernahme durch Mu'awiya (661–80) ist immer als das Ende einer Phase und der Beginn einer neuen betrachtet worden. Für die Mehrheit der Muslime gelten die vier ersten Kalifen, von Abu Bakr bis Ali, als die *raschidun*, die »Rechtgeleiteten«. Spätere Kalifen werden in einem anderen Licht gesehen. Zum einen war das Amt von nun an praktisch erblich. Der Gedanke einer Wahl oder zumindest der offiziellen Bestätigung durch die Führer der Gemeinde lebte zwar noch weiter, doch in Wirklichkeit lag die Macht von diesem Zeitpunkt an in den Händen einer Sippe, die nach Umaiya, einem ihrer Vorfahren, Umaiyaden genannt wurde. Nach Mu'awiyas Tod folgte ihm sein Sohn nach, und auch dessen Sohn herrschte für kurze Zeit. Daran schloß sich eine zweite Periode des Bürgerkriegs an, und der Thron ging auf einen anderen Zweig der Sippe über.

Das bedeutete nicht nur einen Wechsel der Herrscher. Zur Hauptstadt des Reiches wurde nun Damaskus bestimmt. Es lag in einem Landstrich, der fruchtbar genug war, um die Mehrerträge zu produzieren, die zum Unterhalt eines Hofes, einer Regierung und einer Armee erforderlich waren. Und von dort ließen sich die Küstengebiete des östlichen Mittelmeers und ihr Hinterland leichter kontrollieren als von Medina aus. Das war um so wichtiger, als die Herrschaft des Kalifen sich noch immer ausbreitete. Muslimische Streitkräfte stießen zum Maghreb vor. Sie errichteten ihre erste wichtige Garnison Kairuan in der ehemaligen römischen Provinz Afrika (Ifriqiya, das heutige Tunesien). Von dort zogen sie nach Westen, erreichten am Ende des siebten Jahrhunderts die marokkanische Atlantikküste und setzten bald darauf nach Spanien über. In der entgegengesetzten Richtung wurde das Gebiet östlich von Chorasan bis zum Oxus erobert, und es kam zu den ersten muslimischen Vorstößen in das nordwestliche Indien.

Ein solches Reich verlangte einen neuen Regierungsstil. Unter späteren Generationen, nach Ablösung der Umaiyaden durch eine ihnen feindliche Dynastie, herrschte die weitverbreitete Ansicht, die Umaiyaden hätten vor allem nach von Eigeninteressen diktierten weltlichen Zielen gehandelt – im Gegensatz zu den früheren Kalifen, denen es nur um die Verbreitung des Islam gegangen sei. Gerechter wäre es zu sagen, daß die Umaiyaden vor dem Problem standen, ein großes Reich zu verwalten, und sich deshalb auf die Kompromisse der Macht einlassen mußten. Die ehemaligen arabischen Stammesführer entwickelten allmählich einen Lebensstil, der sich an die Gepflogenheiten der Herrscher des Nahen Ostens anlehnte, sie empfingen Gäste und Untertanen bald mit dem Zeremoniell byzantinischer Kaiser oder iranischer Könige. Die ursprünglichen arabischen Heere wurden durch bezahlte stehende Armeen ersetzt. Eine neue herrschende Gruppe bildete sich aus Heerführern und Stammesoberhäuptern. Die führenden Familien von Mekka und Medina verloren ihre Bedeutung, denn sie waren dem Sitz der Macht fern, und sie versuchten mehr als einmal zu revoltieren. Auch die Loyalität der irakischen Städte war fragwürdig; sie mußten von starken, dem Kalifen treu ergebenen Statthaltern unter Kontrolle gehalten werden. Die Herrscher waren nun Städter mit seßhafter Lebensweise und standen Ansprüchen auf Macht und Führung, die sich auf Stammessolidarität gründeten, ablehnend gegenüber. »Ihr stellt Verwandtschaft über den Glauben«, warnte der erste Umaiyaden-Statthalter des Irak seine Untertanen, und Haddschadsch, einer seiner Nachfolger, zeigte der Stammesaristokratie und ihren Anhängern gegenüber noch größere Strenge.

Die bewaffnete Macht lag zwar in neuen Händen, aber die Finanzverwaltung blieb unverändert. Ihre Sekretäre rekrutierten sich aus den Gruppen, die früheren Herrschern gedient hatten; im Westen des Reiches waren es Griechen, im Osten Perser, die Pahlavi sprachen. Nach 690 wurde Arabisch zur Amtssprache erhoben, aber das bedeutete wahrscheinlich keine große Veränderung in Beamtenapparat und Verwaltungspraxis. Mitglieder der Sekretärsfamilien, die Arabisch sprachen, arbeiteten weiterhin in der Verwaltung, und besonders in Syrien traten viele von ihnen zum Islam über.

Die neuen Herren etablierten sich nicht nur in den Städten, sondern auch in den ländlichen Gebieten Syriens. Sie übernahmen Domänen oder Güter, deren Besitzer geflohen waren – besonders in den Gegenden des Landesinnern, die sich zur nordarabischen Steppe öffneten. Sie scheinen die Bewässerungsanlagen und die Anbaumethoden, die sie vorfanden, sorgsam bewahrt zu haben, und die Paläste und Häuser, die sie als Zentren der ökonomischen Kontrolle errichteten, folgten in Anlage und Ausgestaltung dem Stil der von ihnen vertriebenen herrschenden Schicht. Sie besaßen Audienzsäle und Bäder, Mosaikfußböden und reich geschmückte Türen und Decken.

In dieser und anderer Hinsicht mögen die Umaiyaden den Barbarenkönigen des weströmischen Reiches ähnlich erscheinen – nervöse Siedler in einer fremden Welt, die ständig den Schutz ihrer bewaffneten Macht brauchten. Einen Unterschied gab es jedoch. Die Herren im Westen hatten wenig Eigenes mitgebracht, was sie der Kraft der lateinisch-christlichen Kultur entgegensetzen konnten, in die sie hineingezogen wurden. Die arabische Herrscherschicht brachte etwas mit, was sie inmitten der Hochkultur des Nahen Ostens bewahren sollte, und das sich, durch diese Kultur modifiziert und entwickelt, als Idiom erweisen sollte, durch das es sich künftig selbst ausdrückte: der Glaube an eine Offenbarung, die Gott dem Propheten Muhammad in der arabischen Sprache gesandt hatte.

Die neue Ordnung bewies ihre Dauerhaftigkeit und ihre Eigenständigkeit zum ersten Mal klar und deutlich in den neunziger Jahren des siebten Jahrhunderts, während der Regierungszeit des Kalifen Abd al-Malik (685–705). Mit der Einführung des Arabischen als Verwaltungssprache kam ein neuer Münztypus in Umlauf, und das war bedeutsam, denn Münzen sind Symbole von Macht und Identität. Anstelle der Münzen mit Menschendarstellungen, die von den Sasaniden übernommen oder von den Umaiyaden in Damaskus geschlagen worden waren, prägte man neue Münzen, die nur Aufschriften trugen. Sie verkündeten in Arabisch die Einzigkeit Gottes und die Wahrheit der Religion, die sein Gesandter den Menschen gebracht hatte.

Noch wichtiger war die Errichtung von Monumentalbauten, die in sich eine öffentliche Erklärung dafür waren, daß es sich bei der von Muhammad verkündeten Offenbarung um die endgültige und vollständigste handelte und daß sein Reich ewig bestehen werde.

Die ersten Bauwerke für das Gemeinschaftsgebet (*masdschid*, daher das über das spanische *mesqita* abgeleitete deutsche Wort Moschee) dienten auch der Zusammenkunft der ganzen Gemeinde zur Erledigung öffentlicher Angelegenheiten. Sie unterschieden sich äußerlich nicht von anderen Gebäudetypen. In manchen Fällen handelte es sich sogar um alte, zu diesem Zweck umgebaute Gebäude, während andere im Zentrum muslimischer Siedlungen neu errichtet wurden. Die heiligen Stätten der Juden und Christen beeinflußten indessen die Vorstellungen der neuen Herren immer noch. Umar hatte Jerusalem nach der Einnahme besucht, und Muʻawiya war dort zum Kalifen ausgerufen worden. Nach 690 entstand in Jerusalem der erste Großbau, der Felsendom. Er machte deutlich, daß der Islam eine eigenständige Religion war und von Dauer sein würde. Er wurde auf dem Platz des jüdischen Tempels von Jerusalem errichtet, der in einen muslimischen *haram* umgewandelt worden war und vorübergehend den Pilgern diente, die den Felsen umschritten, den Ort, an dem Gott nach jüdischer Überlieferung von Abraham verlangt hatte, seinen Sohn Isaak zu opfern. Man hat die Errichtung des Doms an dieser Stelle überzeugend als einen symbolischen Akt interpretiert, durch den der Islam in die Nachfolge Abrahams gestellt wurde und der ihn vom Christentum und dem Judaismus loslöste. Die Inschriften im Innern, die frühesten bekannten Darstellungen von Korantexten, künden von der Größe Gottes »des Mächtigen, des Weisen«. Sie erklären, daß »Gott und seine Engel den Propheten segnen«, und fordern die Christen auf, Jesus als einen Apostel Gottes, als sein Wort und seinen Geist, nicht aber als seinen Sohn[1] anzuerkennen.

Ein wenig später begann der Bau einer Reihe großer Moscheen, die in ihrer Anlage den Erfordernissen des rituellen Gebetes gerecht wurden: in Damaskus und Aleppo, in Medina und Jerusalem, später auch in Kairuan, dem ersten arabischen Zentrum des Maghreb, und in Cordoba, der arabischen Hauptstadt in Spanien. Allen liegt im wesentlichen derselbe Plan zugrunde: Ein offener Innenhof führt zu einem überdachten Raum, der so angelegt ist, daß die langen Reihen der Gläubigen unter Anleitung eines Vorbeters (*imam*) ihr Gebet in Richtung Mekka verrichten können. Eine Nische (*mihrab*) kennzeichnet die Mauer, auf die sie blicken, und nahebei befindet sich eine Kanzel (*minbar*), wo freitags beim Mittagsgebet eine kurze Predigt gehalten wird. Dem Gebäude angefügt oder in seiner Nähe ist das Minarett, von dem der Muezzin (*muʻadhdhin*) zu den festgesetzten Zeiten die Gläubigen zum Gebet ruft.

Solche Gebäude waren nicht nur Zeichen einer neuen Macht, sondern Symbole des Wachsens einer neuen, eigenständigen Gemeinde. Von der Religion einer herrschenden Gruppe weitete sich der Glaube an die Muhammad geschenkte Offenbarung allmählich aus. Wir wissen wenig von diesem Vorgang und können nur Vermutungen darüber anstellen, wie er verlief. Araber, die bereits in Syrien oder im Irak lebten, mochten die Lehre aus Solidarität mit den neuen Herrschern ohne Schwierigkeiten annehmen (Teile eines Stammes, die Ghassaniden, taten es allerdings nicht). Beamte und Würdenträger, die für die neuen Herren arbeiteten, nahmen deren Glauben vielleicht aus Eigeninteresse oder einem natürlichen Drang zur Macht an; das mochte ebenso für Gefangene der Eroberungszüge oder sasanidische Krieger gelten, die sich den Arabern angeschlossen hatten. Wer sich in den neuen Städten niederließ, bekehrte sich vielleicht, um die besonderen Steuern nicht bezahlen zu müssen, die Nichtmuslimen auferlegt waren. Zoroastrianern, den Anhängern der alten persischen Religion, fiel es möglicherweise leichter als den Christen, Muslime zu werden, denn mit dem Ende der sasanidischen Herrschaft war ihre Kirche schwach geworden. Manche Christen fühlten sich unter dem Eindruck der Kontroversen über das Wesen Gottes und die Offenbarung von der Schlichtheit frühmuslimischer Reaktionen auf solche Fragen angezogen, die sich im großen und ganzen innerhalb der gleichen Gedankenwelt bewegten. Das Fehlen einer muslimischen Kirche oder eines komplizierten Rituals der Bekehrung, die Möglichkeit, sie mit wenigen schlichten Worten zu vollziehen, machte den Übertritt leicht. Wie einfach dieser Akt auch gewesen sein mag, er beinhaltete etwas Besonderes – die Bereitschaft anzuerkennen, daß den Menschen die Offenbarung in der arabischen Sprache geschenkt worden war. Und zusammen mit der Notwendigkeit des Umgangs mit arabischen Herrschern, Kriegern und Grundbesitzern führte das wahrscheinlich auch zur Übernahme des Arabischen als Alltagssprache. Überall, wohin der Islam kam, verbreitete sich die arabische Sprache. Dieser Vorgang war jedoch immer noch relativ neu. Außerhalb Arabiens herrschten die Umaiyaden über Länder, in denen der größte Teil der Bevölkerung nicht muslimisch war und nicht Arabisch sprach.

Die wachsende Größe und Stärke der muslimischen Gemeinde wirkte sich für die Umaiyaden nicht günstig aus. Syrien, ihr Kernland, war ein schwaches Glied in der Kette der Länder, die dem Reich einverleibt waren. Im Gegensatz zu den neugegründeten Städten im Iran, Irak und in Afrika waren die Städte Syriens älter als der Islam, und ihr Alltagsleben blieb von ihren Herrschern relativ unabhängig. Der syrische Handel litt schwer unter der Trennung von Anatolien, das in byzantinischer Hand blieb und jenseits einer neuen Grenze lag, an der wegen kriegerischer Auseinandersetzungen zwischen Arabern und Byzantinern häufig Unruhe herrschte.

Die Hauptstärke der muslimischen Gemeinde lag weiter östlich. Die irakischen Städte wuchsen durch Zuwanderer aus dem Iran und der Arabischen Halbinsel. Sie konnten sich den Reichtum der fruchtbaren, bewässerten Landstriche des südlichen Irak zunutze machen, wo sich bereits Araber als Grundbesitzer niedergelassen hatten. In diesen neuen Städten lebten mehr Araber als in den Städten Syriens, und das urbane Leben wurde bereichert durch Mitglieder der ehemaligen herrschenden Klasse des Iran, von der viele Beamte und Steuereinnehmer übernommen worden waren.

Ein ähnlicher Prozeß lief in Chorasan ab, im fernen Nordosten des Rei-

DAS KALIFAT VON DAMASKUS 55

ches. Bis Chorasan war der Islam bei seiner Expansion nach Zentralasien vorgedrungen, und in diesem Außenposten gab es große Garnisonen. Das für Ackerbau und Weidegründe geeignete Land zog auch hier arabische Siedler an. Schon sehr früh lebte deshalb dort ein verhältnismäßig hoher arabischer Bevölkerungsanteil Seite an Seite mit den Iranern, deren alte und herrschende Klasse der Grundbesitzer ihre Stellungen behielt. Es kam allmählich zu einer Art Symbiose. Die Araber, die keine aktiven Kämpfer mehr waren und sich auf dem Land oder in den Städten – Nischapur, Balch und Arv – ansiedelten, wurden in die iranische Gesellschaft aufgenommen, und Iraner fanden Zutritt zur herrschenden Gruppe der Araber.

Das Wachstum muslimischer Gemeinden in den östlichen Städten und Provinzen führte zu Spannungen. Persönlicher Ehrgeiz, lokale Mißstände und Parteienkonflikte trugen dazu bei, daß es auf vielen Ebenen zu Auseinandersetzungen kam – Volks- und Stammeszugehörigkeit spielten dabei ebenso eine Rolle wie die Religion. Natürlich ist es aus dem großen zeitlichen Abstand schwer zu entscheiden, wo genau die Unruheherde lagen. Da gab es zunächst unter den zum Islam Konvertierten, ganz besonders unter den Iranern, Verstimmung wegen der steuerlichen und anderen Privilegien für Einwohner arabischer Herkunft; der Unmut wuchs, als die Erinnerungen an die ersten Eroberungszüge verblaßten. Manche Konvertiten schlossen sich als »Klienten« (*mawali*) arabischen Stammesführern an, doch auch das verwischte die Trennungslinie zwischen ihnen und den Arabern nicht ganz.

Die Spannungen zeigten sich auch in Form von Stammesgegensätzen. Die Krieger der aus Arabien kommenden Heere brachten ihre Stammesloyalitäten mit, und unter den neuen Bedingungen konnten diese sogar noch erstarken. In den Städten und Dörfern der Zugewanderten lebten Gruppen, die sich auf eine gemeinsame Herkunft beriefen, auf engerem Raum zusammen als in der arabischen Steppe; starke Führer adliger Abstammung konnten mehr Anhänger um sich scharen. Die Existenz einer geeinten politischen Struktur ermöglichte es Führern und Gruppen, sich über weite Gebiete hinweg miteinander zu verbinden, und schuf manchmal gemeinsame Interessen. Beim Kampf um die Kontrolle der Zentralregierung konnte man sich Stammesnamen und die Loyalitäten, für die sie standen, zunutze machen. Ein Zweig der Umaiyaden war durch Heirat mit den Banu Kalb verbunden, die sich bereits vor der Eroberung Syriens dort angesiedelt hatten. Nach dem Tod von Mu'awiyas Sohn unterstützte eine Gruppe anderer Stämme im Kampf um die Nachfolge einen Prätendenten, der nicht zu den Umaiyaden gehörte. Wenn es das gemeinsame Interesse erforderte, wurde sogar die Idee einer gemeinsamen Herkunft jener

Stämme beschworen, die für sich in Anspruch nahmen, aus Zentralarabien oder dem Süden zu kommen. (Ihre Namen, Qais und Yaman, hielten sich als Symbole lokalen Konflikts in manchen Teilen Syriens bis in unser Jahrhundert.)

Von nachhaltigerer Bedeutung waren die Kontroversen über die Nachfolge im Kalifat und das Wesen der Autorität in der muslimischen Gemeinde. Den Ansprüchen Mu'awiyas und seiner Sippe stellten sich zwei Gruppen entgegen, die jedoch beide so amorph waren, daß man sie besser als Strömungen bezeichnet. Da gab es zunächst die verschiedenen, unter dem Namen Charidschiya zusammengefaßten Gruppen. Sie widersetzten sich den Ansprüchen von Stammesführern und erklärten, es gebe im Islam keinen Vorrang außer dem der Tugend. Nur der würdigste Muslim dürfe als *imam* herrschen, und wenn er vom rechten Weg abirre, sei ihm der Gehorsam zu verweigern. Uthman hatte den Ansprüchen seiner Sippe Priorität eingeräumt, und Ali hatte in dieser prinzipiellen Frage einem Kompromiß zugestimmt; deshalb waren sie beide im Unrecht gewesen. Nicht alle dieser Oppositionsgruppen zogen daraus dieselbe Schlußfolgerung; manche fanden sich zunächst mit der Herrschaft der Umaiyaden ab, andere rebellierten gegen sie, und wieder andere vertraten den Standpunkt, wahre Gläubige sollten versuchen, durch eine neue *hidschra* eine tugendhafte Gesellschaft an einem fernen Ort zu gründen.

Die andere dissidente Gruppe stützte die Herrschaftsansprüche der Prophetenfamilie. Diese Idee konnte die verschiedensten Formen annehmen. Auf lange Sicht erwies sich jene Form als die wichtigste, die Ali und seine Nachkommen als legitime Oberhäupter oder Imame der Gemeinde betrachtete. Um diese Vorstellung rankten sich andere, von denen manche den religiösen Kulturen der unterworfenen Länder entnommen waren. Danach hatten der Kalif Ali und seine Erben durch Übermittlung Muhammads eine besondere Beschaffenheit der Seele erhalten sowie eine besondere Kenntnis der inneren Bedeutung des Korans; in gewisser Hinsicht waren sie deshalb sogar übermenschlich. Einer der Nachkommen des Propheten, so glaubten sie, werde eines Tages auftreten und die Herrschaft der Gerechtigkeit einsetzen. Die Erwartung der Ankunft eines *mahdi*, »dessen, der geführt wird«, findet sich schon früh in der islamischen Geschichte. Im Jahr 680 zog Husain, Alis zweiter Sohn, mit einer kleinen Schar Verwandter und Gefolgsleute in den Irak, denn er hoffte, in der Umgebung von Kufa und in der Stadt selbst Unterstützung zu finden. Er fiel in einem Gefecht bei Kerbela im Irak. Sein Tod gab den Parteigängern Alis (der *schi'at Ali* oder Schiiten) die Kraft der Erinnerung an ein Martyrium. Einige Jahre später kam es zu einer anderen ebenfalls scheiternden

DAS KALIFAT VON DAMASKUS   57

Revolte zugunsten von Muhammad ibn al-Hanafiya, eines anderen Sohnes von Ali, allerdings nicht von Fatima.

In den ersten Jahrzehnten des achten Jahrhunderts unternahmen die Umaiyaden eine Reihe von Bemühungen, oppositionelle Bewegungen dieser Art zu unterdrücken und die Schwierigkeiten zu bewältigen, die mit der Herrschaft über ein so riesiges und heterogenes Reich verbunden waren. Es gelang ihnen, die fiskalischen und militärischen Grundlagen ihrer Herrschaft vorübergehend zu stärken. Dann aber, in den vierziger Jahren, zerbrach ihre Macht unvermittelt in einem Bürgerkrieg an einem Bündnis von Gruppierungen mit unterschiedlichen Zielsetzungen, die jedoch die gemeinsame Opposition gegen die Umaiyaden einte.

Die Feinde der Umaiyaden waren im Osten des Reiches stärker als im Westen, ganz besonders unter den arabischen Siedlergruppen in Chorasan, deren Assimilation an die dortige iranische Gesellschaft bereits im Gang war, und unter den iranischen »Klienten«. Dort wie anderswo sympathisierten weite Kreise mit den Schiiten, waren aber zunächst kaum organisiert.

Eine wirkungsvolle Führung der Oppositionsgruppen stellte dann aber ein anderer Zweig der Prophetenfamilie, die Nachkommen seines Onkels Abbas. Mit dem Anspruch, der Sohn von Muhammad ibn al-Hanafiya habe ihnen sein Nachfolgerecht übertragen, bauten sie von ihren Stammsitzen am Rand der syrischen Wüste aus eine organisierte Bewegung auf, deren Mittelpunkt Kufa war. Zu ihrem Vertreter in Chorasan bestimmten sie Abu Muslim, einen Mann von unbekannter, möglicherweise persischer Herkunft. Ihm gelang es, die verschiedenen arabischen und anderen oppositionellen Gruppen zu koordinieren und ein Heer aufzustellen. Unter dem schwarzen Banner, das zum Symbol der Bewegung werden sollte, und im Namen der Familie des Propheten begann der Aufstand. Da kein Familienmitglied namentlich erwähnt wurde, weitete sich die Unterstützung für die Bewegung aus. Das Heer zog von Chorasan nach Westen, und die Umaiyaden wurden 749–50 in mehreren Schlachten geschlagen. Marwan II., der letzte Kalif der Dynastie, wurde bis nach Ägypten verfolgt und dort getötet. Inzwischen hatte man den ungenannten Abkommen Muhammads in Kufa zum Kalifen ausgerufen. Es war Abul-Abbas, kein Nachkomme von Ali, sondern von Abbas.

Der Historiker at-Tabari (839–923) hat beschrieben, wie die Ernennung verkündet wurde. Dawud, der Bruder von Abul-Abbas, stand in der Moschee von Kufa auf den Stufen der Kanzel und sprach zu den Gläubigen:

»Gepriesen sei Gott, voll Dankbarkeit, Dankbarkeit und noch mehr Dankbarkeit! Gepriesen sei der, der unsere Feinde vernichtet und uns unser Erbe von Muhammad unserem Propheten zurückgegeben hat. Gottes Segen und Friede seien mit ihm! O ihr Menschen, nun sind die dunklen Nächte der Welt vertrieben, ihre Decke ist gelüftet, nun überflutet Licht die Erde und den Himmel, und die Sonne erhebt sich von den Quellen des Tages, während der Mond an dem ihm zugewiesenen Platz aufgeht. Er, der den Bogen gefertigt hat, nimmt ihn wieder auf, und der Pfeil kehrt zu ihm zurück, der ihn abgeschossen hat. Das Recht ist dorthin zurückgekehrt, wo es entsprang, unter die Menschen vom Hause eures Propheten, Menschen voller Barmherzigkeit und Erbarmen mit euch und voll Wohlwollen euch gegenüber [...] Gott hat euch erblicken lassen, worauf ihr gewartet und worauf ihr euch gefreut habt. Er hat einen Kalifen aus der Sippe Haschims unter euch erscheinen lassen, und damit eure Gesichter erhellt und euch über das syrische Heer siegen lassen und auf euch die Herrschaft und den Glanz des Islam übertragen [...] Hat je ein Nachfolger des Gesandten Gottes diesen euren *minbar* bestiegen außer dem Befehlshaber der Gläubigen, Ali ibn Abi Talib, und dem Befehlshaber der Gläubigen Abdallah-ibn-Muhammad?« – und er wies mit der Hand auf Abul-Abbas.[2]

Das Kalifat von Bagdad

Eine neue Dynastie hatte damit die Macht ergriffen, und der Irak löste nun Syrien als Zentrum des muslimischen Kalifats ab. Die Macht von Abul-Abbas (749–54) und seinen Nachfolgern, die nach ihrem Vorfahren als Abbasiden bezeichnet werden, lag weniger in den östlichen Mittelmeerländern oder im Hedschaz, ihrer südlichen Verlängerung, als in den ehemaligen sasanidischen Territorien: dem südlichen Irak, den Oasen und Hochebenen des Iran, in Chorasan und dem Land weiter östlich davon bis nach Zentralasien. Es fiel dem Kalifen schwerer, den Maghreb zu regieren, aber das war auch weniger wichtig.

In mancher Hinsicht unterschied sich die Herrschaft der Abbasiden nicht sehr von der Herrschaft der letzten Umaiyaden. Sie standen von Anfang an vor dem unvermeidlichen Problem einer neuen Dynastie und der damit verbundenen Frage: Wie ließ sich die beschränkte Macht, die ein unsicheres Bündnis unterschiedlicher Interessen bietet, stabilisieren und dauerhaft machen? Die Abbasiden waren durch den Zusammenschluß von Kräften auf den Thron gekommen, die nur die Opposition gegen die Umaiyaden einte, und nun mußte die Machtstruktur innerhalb der Koalition geklärt werden. Der neue Kalif befreite sich als erstes von den Männern, die ihn an die Macht gebracht hatten. Abu Muslim und andere wurden ermordet. Auch innerhalb der Familie entstanden Konflikte. Zunächst wurden Angehörige zu Statthaltern ernannt, doch einige erwiesen sich als

DAS KALIFAT VON BAGDAD

zu mächtig, und innerhalb einer Generation entstand eine neue herrschende Elite hoher Beamter. Ein Teil entstammte iranischen Familien, die traditionell im Staatsdienst standen und nun zum Islam konvertiert waren; andere kamen vom Hof des Herrschers, einige darunter waren freigelassene Sklaven.

Zur Konzentration der Macht in der Hand des Herrschers kam es unter den Nachfolgern von Abul-Abbas, besonders unter al-Mansur (754–75) und Harun ar-Raschid (786–809), und sie drückte sich in der Gründung einer neuen Hauptstadt aus – Bagdad. At-Tabari berichtet die Geschichte von Mansurs Besuch am Ort der künftigen Stadt.

> Er erreichte die Gegend der Brücke und überquerte den Fluß dort, wo sich heute Qasr as-Salam befindet. Danach verrichtete er das Nachmittagsgebet. Es war Sommer, und an der Stelle des Palastes stand damals die Kirche eines Priesters. Dort übernachtete er, und als er am nächsten Morgen erwachte, hatte er die wohltuendste und unbeschwerteste Nacht der Welt verbracht. Er blieb, und alles, was er sah, gefiel ihm. Dann sagte er: »An dieser Stelle werde ich die Stadt bauen. Auf dem Euphrat, dem Tigris und einem Netz von Kanälen kann alles hierhergebracht werden. Nur ein solcher Ort wird das Heer und die Bevölkerung ernähren können.« Also steckte er sie ab, bestimmte Geld für ihren Bau und legte mit eigener Hand den ersten Ziegelstein. Dabei sprach er: »Im Namen Gottes, und gepriesen sei Er. Die Erde ist Gottes. Er übergibt sie als Erbe dem unter seinen Dienern, den er bestimmt, und die Früchte, die daraus erwachsen, sind für alle, die ihn fürchten.« Dann sagte er: »Baut, und Gott segne euch!«[3]

Bagdad lag an einem Punkt, wo Euphrat und Tigris eng nebeneinander fließen; dank eines Kanalsystems war ein fruchtbares Anbaugebiet entstanden, das Nahrung für eine große Stadt produzieren und Abgaben für die Regierung leisten konnte. Es lag an strategischen Routen, die nach Iran und weiter zur Dschezira im Nordirak führten, wo Getreide angebaut wurde, und nach Syrien und Ägypten, wo die Loyalität zu den Umaiyaden nach wie vor groß war. Bagdad war eine neue Stadt, und das befreite die Herrscher von dem Druck, den die arabischen Muslime in Kufa und Basra ausüben konnten. Nach einer alten Tradition, die die Herrscher des Nahen Ostens von ihren Untertanen fernhielt, drückte sich in der Stadtplanung die Erhabenheit und die Distanz des Kalifen aus. Im Mittelpunkt, am Westufer des Tigris, lag die »Runde Stadt« mit dem Palast, den Kasernen und Amtsgebäuden; vor ihren Mauern befanden sich Märkte und Wohnquartiere.

In seiner Beschreibung des Empfangs einer byzantinischen Gesandtschaft durch den Kalifen al-Muqtadir im Jahr 917 erweckt al-Chatib al-Baghdadi (1002–71), der Historiograph Bagdads, die Pracht und das

Das abbasidische Kalifat zu Beginn des 9. Jahrhunderts.

Zeremoniell des Hofes zu neuem Leben. Der Kalif gewährte den Gesandten eine Audienz und befahl danach, ihnen den Palast zu zeigen: die Säle, Innenhöfe und Gärten, die Soldaten, Eunuchen, Kammerherren und Pagen, die Schätze in den Schatzkammern und die Elefanten mit den Schabracken aus pfauenfarbenem Brokat. In der Halle des Baums sahen sie:

> einen Baum, der in der Mitte eines großen runden Beckens stand, das mit klarem Wasser gefüllt war. Der Baum hat achtzehn Äste, und jeder Ast hat zahlreiche Zweige, auf denen alle Arten großer und kleiner goldener und silberner Vögel sitzen. Die meisten Äste des Baums sind aus Silber, aber einige sind aus Gold, und sie recken sich in die Luft und tragen Laub in verschiedenen Farben. Die Blätter des Baums bewegen sich, wenn der Wind weht, und die Vögel pfeifen und singen.

Schließlich wurden sie wieder vor den Kalifen geführt:

> Er war in goldbesetzte Gewänder gekleidet und saß auf einem Thron aus Ebenholz [...] Zur Rechten des Throns hingen neun Halsketten aus Edelsteinen [...] und zur Linken desgleichen, alle aus prächtigen Juwelen [...] Vor dem Kalifen standen fünf seiner Söhne, drei zur Rechten und zwei zur Linken.[4]

In diesen abgeschlossenen Palästen übte der Kalif seine Macht nach Formen aus, die von früheren Herrschern übernommen waren und die spätere Dynastien imitierten. Ein aufwendiges Hofzeremoniell unterstrich seine Erhabenheit: Höflinge kontrollierten den Zugang zu ihm, und in seiner Nähe stand der Scharfrichter, der die Urteile sofort vollstreckte. Unter den frühen Regenten bildete sich ein Amt heraus, das wichtig werden sollte, das Amt des *wazir*. Er war der Ratgeber des Kalifen mit einem mehr oder weniger starken Einfluß; später stand er an der Spitze der Verwaltung und war das Bindeglied zwischen der Verwaltung und dem Herrscher.

Die Verwaltung gliederte sich in eine Reihe von Ämtern oder *diwan*, deren Struktur unter anderen Dynastien wieder auftreten sollte. Es gab einen *diwan* für Heeresangelegenheiten, eine Kanzlei, die Briefe und Dokumente in gebührender Form verfaßte und aufbewahrte, und ein Schatzamt, das die Steuereinnahmen und die Ausgaben verwaltete und Buch darüber führte. Ein Herrscher, der durch eine über ein großes Gebiet verteilte Beamtenhierarchie regierte, mußte dafür sorgen, daß sie nicht zu stark wurde oder die Macht mißbrauchte, die sie in seinem Namen ausübte. Ein Spionagenetz informierte den Kalifen über die Vorgänge in den Provinzen, und er und seine Statthalter hielten öffentliche Sitzungen ab, in denen sie Beschwerden anhörten und darüber urteilten.

Eine absolute, durch eine Bürokratie vermittelte Herrschaft brauchte Abgaben und ein Heer. Unter den Abbasiden bildete sich aus den Gepflogenheiten frühislamischer Zeit das gültige Besteuerungssystem heraus,

DAS KALIFAT VON BAGDAD 63

das soweit als möglich mit den Regeln des Islam in Einklang stand. Es gab zwei Hauptabgaben. Die eine wurde auf Land oder auf landwirtschaftliche Erträge erhoben (*charadsch*); in der Anfangszeit hatte ein Unterschied in Höhe und Art der Steuern zwischen muslimischen und nichtmuslimischen Landbesitzern bestanden. In der Praxis wurde das zwar weniger bedeutsam, es blieb jedoch gesetzlich verankert. Die zweite Abgabe war eine Kopfsteuer für Nichtmuslime, die ungefähr nach ihrem Vermögen festgesetzt wurde (*dschizya*). Daneben wurden importierte und exportierte Waren und das städtische Handwerk mit verschiedenen Abgaben belegt. Bei Bedarf besteuerte man gelegentlich auch das städtische Vermögen; diese Praxis wurde indessen von den strenggläubigen Muslimen offiziell verurteilt.

Die Soldaten aus Chorasan, durch die die Abbasiden an die Macht gelangt waren, wurden auf verschiedene Gruppen unter getrennter Führung aufgeteilt. Es war nicht leicht für die Kalifen, sich ihre Loyalität dauerhaft zu sichern. Auch wurden sie weniger schlagkräftig, nachdem sie in der Bevölkerung von Bagdad aufgegangen waren. Nach dem Tod von Harun-ar-Raschid kam es zum Bürgerkrieg zwischen seinen Söhnen al-Amin und al-Mamun. Al-Amin wurde zum Kalifen ausgerufen, und die Armee von Bagdad kämpfte für ihn, erlitt jedoch eine Niederlage.

Zu Beginn des neunten Jahrhunderts löste man das Problem einer schlagkräftigen und loyalen Armee durch den Kauf von Sklaven und die Rekrutierung von Soldaten der türkischsprachigen Nomadenstämme auf der anderen Seite der Grenze in Zentralasien. Diese Türken und andere Volksgruppen von den Rändern der besiedelten Gebiete waren Fremde. Sie hatten keine Verbindungen zu der mit ihrer Hilfe beherrschten Gesellschaft und standen in einem persönlichen Abhängigkeitsverhältnis zum Kalifen. Der Eintritt türkischer Soldaten in die Dienste der Abbasiden setzte einen Prozeß in Gang, der das politische Leben der islamischen Welt nachhaltig gestalten sollte.

Als al-Mu'tasim (833–42) die Hauptstadt von Bagdad nach Samarra, einer neuen Stadt weiter nördlich am Tigris, verlagerte, tat er es unter anderem auch deshalb, um die Soldaten von der Bevölkerung Bagdads fernzuhalten, die seiner Herrschaft feindselig gegenüberstand. Samarra blieb ein halbes Jahrhundert lang Sitz der Regierung, die nun zwar frei vom Druck der Bevölkerung war, jedoch unter den Einfluß türkischer Militärführer geriet, die allmählich die Regierung des Kalifen beherrschten. In dieser Zeit wurden auch die Statthalter in den äußeren Provinzen des Reiches praktisch unabhängig, und im Irak selbst war die Macht des Kalifen durch verbreitete und lang andauernde Aufstände der schwarzen Sklaven in den Zuckerrohrplantagen und Salzsümpfen des Südens bedroht – der Aufstand der Zandsch 868–83. Einige Jahre später, 892, kehrte der Kalif al-Mu'tadid nach Bagdad zurück.

Je ferner der Kalif rückte und je mächtiger er war, desto wichtiger wurde es, seine Macht in den Moralvorstellungen seiner Untertanen zu verwurzeln. Die Abbasiden bemühten sich systematischer als die Umaiyaden darum, ihre Macht im Rahmen des Islam zu rechtfertigen. Sie benutzten von Anfang an religiöse Symbole. Der Kalif nahm für sich in Anspruch, als Mitglied der Prophetenfamilie kraft göttlicher Autorität zu herrschen. Daneben behauptete er, seine Herrschaft stehe in Übereinstimmung mit dem Koran und den Regeln des rechten Verhaltens, die immer häufiger entsprechend den Gewohnheiten des Propheten, das heißt der Praxis (*sunna*) definiert wurden. Im Einklang mit diesem Anspruch spielten religiöse Würdenträger eine wachsende Rolle in der Regierung, und das Amt des Richters (*qadi*) erhielt ein größeres Gewicht. Seine Funktionen wurden von denen des Statthalters losgelöst. Er hatte keine politischen oder finanziellen Pflichten; seine Aufgabe war es, Konflikte zu entscheiden und Urteile im Rahmen des sich allmählich entwickelnden islamischen Rechtssystems oder islamischer gesellschaftlicher Normen zu sprechen. Der oberste *qadi* war ein Würdenträger von erheblicher Bedeutung in der Staatshierarchie.

Mit ihrem Anspruch, die legitimen Herrscher zu sein, standen die frühen Abbasiden im Gegensatz zu dem Machtanspruch eines anderen Zweigs aus der Familie des Propheten. Dies waren die Nachkommen Alis und ihre Anhänger, die Schiiten. Nicht alle Schiiten waren fanatische Gegner der Abbasidenherrschaft. Der Imam Dscha'far as-Sadiq (*ca.* 700–65), für die Schiiten der sechste *imam*, war ein Quietist, der seine Anhänger zum passiven Widerstand bis zur Ankunft des *mahdi* aufrief, den Gott senden werde, um die Herrschaft von Religion und Gerechtigkeit wieder aufzurichten. In den ersten beiden Generationen abbasidischer Herrschaft gab es jedoch mehrere revolutionäre Bewegungen im Namen von Mitgliedern der Familie Alis. Und als Antwort auf diese Bewegungen unternahm Mamun (813–33), der Sohn Haruns, zweimal den Versuch, seinen Herrschaftsanspruch fester zu untermauern. Zunächst ernannte er Ali ar-Rida, in dem viele Schiiten den achten *imam* sahen, zu seinem Nachfolger. Er tat es mit dem Argument, Ali ar-Rida sei das würdigste Mitglied der Familie des Propheten. Damit wollte er indirekt zum Ausdruck bringen, daß die Nachfahren von Abbas im Prinzip das gleiche Recht auf die Thronfolge hatten wie die Nachkommen Alis, wenn man die Kalifenwürde dem würdigsten Mann innerhalb der Familie zusprach. Später förderte Ma'mun die

Ideen gewisser rational orientierter Theologen und versuchte, ihre Zustimmung zur Bedingung für die Übernahme des Amtes zu machen. Er stieß aber auf den Widerstand jener Theologen, nach deren Ansicht der Koran und das Verhalten des Propheten bei buchstabengetreuer Auslegung genügend Richtlinien boten. Dies war ein letzter Versuch, durch die Macht des Herrschers eine einzige Auslegung der Glaubenslehre zu erzwingen. Er wurde danach praktisch für alle Zeiten aufgegeben. Eher pragmatisch und allmählich setzte sich der Glaube an die Bedeutung des Korans und das Handeln (sunna) des Propheten als Grundlage eines einheitlichen Glaubens durch und verfestigte sich nach und nach zu einer Richtung, die sich vom Schiismus unterschied und als Sunnismus bekannt wurde.

Kapitel 3

Die Bildung einer Gesellschaft

Das Ende der politischen Einheit

Selbst auf dem Höhepunkt ihrer Macht war die Wirksamkeit der Herrschaft abbasidischer Kalifen begrenzt. Sie erstreckte sich hauptsächlich auf die Städte und die sie umgebenden fruchtbaren Gebiete. Ferne Bergregionen und Steppenzonen waren praktisch nicht unterworfen. Mit der Zeit verfing sich die Autorität des Kalifen in den Widersprüchen zentralisierter, bürokratischer Regierungssysteme. Um seine fernen Provinzen beherrschen zu können, mußte der Kalif seine Statthalter ermächtigen, Abgaben zu erheben und einen Teil der Einnahmen zum Unterhalt der örtlichen Streitkräfte zu verwenden. Der Kalif versuchte, seine Statthalter durch ein Spionagenetz unter Kontrolle zu halten, konnte jedoch nicht verhindern, daß manche Gouverneure ihre Positionen so weit ausbauten, daß sie ihre Macht innerhalb der eigenen Familie weitergeben konnten, während sie – zumindest offiziell – loyal die wichtigsten Interessen ihres Souveräns vertraten. Auf diese Weise bildeten sich lokale Dynastien, etwa die Saffariden in Ostiran, (867 – ca. 1495), die Samaniden in Chorasan (819–1005), die Tuluniden in Ägypten (868–905) und die Aghlabiden in Tunesien (800–909). Die Aghlabiden eroberten von Tunesien aus Sizilien, das bis zur Einnahme durch die Normannen in der zweiten Hälfte des elften Jahrhunderts unter der Herrschaft arabischer Dynastien verblieb. Die wachsende Selbständigkeit der Statthalter hatte zur Folge, daß weniger Steuergelder nach Bagdad flossen, und das zu einer Zeit, da der untere Irak einen Rückgang der Ernten und den Zerfall des Bewässerungssystems erlebte. Um seine Stellung in den Zentralprovinzen zu stärken, mußte der Kalif sich zunehmend auf sein Söldnerheer stützen, dessen Führer ihrerseits größere Macht über ihn erlangten. 945 rissen die Buyiden, eine Sippe von Söldnerführern vom Rand des Kaspischen Meeres, die bereits einige Provinzen behrrschten, die Macht in Bagdad an sich.

Die Buyiden nahmen verschiedene Titel an, darunter auch den alten iranischen Titel *Schahanschah* (König der Könige), aber nicht den des Kalifen. Die Abbasiden trugen ihn noch drei Jahrhunderte, aber in ihrer Geschichte begann ein neuer Abschnitt. Die tatsächliche Macht über die zentralen Reichsgebiete lag von nun an in der Hand einer anderen, von militärischen Gruppen gestützten Dynastie, die indessen das Kalifat der Abbasiden formal anerkannte, ohne ihm politische Macht zuzugestehen.

In manchen Regionen entstanden im Namen islamischer Sekten Widerstands- und Sezessionsbewegungen, die zur Gründung eigenständiger politischer Einheiten führten. Einige dieser Bewegungen traten unter dem Namen Charidschiten auf oder unter dem einer ihrer Untergruppen, der Ibaditen. Die Überzeugung, das Amt des Imamt, des Oberhauptes der Gemeinde, sollte von dem würdigsten Manne gehalten werden, und man sollte ihn absetzen, wenn er sich als unwürdig erwies, entsprach sehr gut den Bedürfnissen lockerer Stammesverbände in abgeschiedenen Gegenden. Sie brauchten möglicherweise von Zeit zu Zeit einen Führer oder einen Schiedsrichter, aber sie wollten ihm keine permanente oder organisierte Macht übertragen. So entstand um die Mitte des achten Jahrhunderts in Oman in Südostarabien ein ibaditisches Imamat, das die Abbasiden am Ende des neunten Jahrhunderts jedoch wieder aufhoben. In Teilen des Maghreb widersetzten sich Berberstämme der islamischen Herrschaft, und nachdem sie Muslime geworden waren, verbreitete sich unter ihnen charidschitisches Gedankengut. Einige Zeit hielt sich eine mächtige Dynastie ibaditischer Imame, die Rustamiden (777–909). Ihre Hauptstadt war Tahert in Westalgerien, und sie wurden von den Ibaditen in Oman anerkannt.

Weiter verbreitet waren Bewegungen, die den Anspruch der Nachfahren von Ali ibn Abi Talib auf das Imamat stützten. Die Mehrheit der Schiiten im Irak und in den umliegenden Ländern erkannte die Herrschaft der Abbasiden an oder fand sich zumindest mit ihr ab. Ihre Imame lebten friedlich unter den Abbasiden, obwohl sie in der Hauptstadt manchmal Einschränkungen hinnehmen mußten. Die Buyiden waren in weitestem Sinne Schiiten und stellten die formale Oberhoheit der Kalifen nicht in Frage; das gleiche galt für die lokale Dynastie der Hamdaniden (905–1004) in Nordsyrien.

Aus anderen schiitischen Gruppierungen gingen jedoch eigene Dynastien hervor. Nach Ansicht der Zaiditen sollte der *imam* das würdigste Mitglied der Prophetenfamilie sein, und er mußte seine Bereitschaft unter Beweis stellen, Widerstand gegen unrechtmäßige Herrscher zu leisten. Sie erkannten Muhammad al-Baqir (gest. 731) nicht an, der für den Großteil der

Schiiten der fünfte *imam* war, sondern dessen Bruder Zaid (daher ihr Name). Sie gründeten im neunten Jahrhundert im Jemen ein Imamat, ein weiteres bestand zu dieser Zeit bereits am Südufer des Kaspischen Meeres. Eine direktere Herausforderung für die Abbasiden bildeten Gruppen eines anderen schiitischen Zweiges, die Isma'iliten. Ihr Ursprung liegt im dunkeln, doch sie scheinen als Geheimorganisation begonnen zu haben, deren Zentrum zunächst im Irak und in Chuzistan, im südwestlichen Iran, lag und später in Syrien. Sie unterstützte den Anspruch Isma'ils, des ältesten Sohnes von Dscha'far as-Sadiq, auf das Imamat. Die Mehrheit der Schiiten sieht in ihm den sechsten *imam*. Isma'il starb 760, fünf Jahre vor seinem Vater, und die Mehrheit der Schiiten erkannte schließlich seinen Bruder Musa al-Kazim (gest. 799) als *imam* an. Nach Überzeugung der Isma'iliten war jedoch Isma'il unwiderruflich zum Nachfolger seines Vaters bestimmt gewesen, und sein Sohn Muhammad hätte daher nach ihm *imam* werden müssen. Sie glaubten, dieser Muhammad werde früher oder später als der *mahdi* zurückkehren, der gesandt sei, um die innere Bedeutung der Offenbarungen des Korans zu enthüllen und gerecht über die Welt zu herrschen.

Die Bewegung missionierte auf breiter Basis. Eine ihrer Gruppen, die Qarmaten, gründete im Osten Arabiens eine Art Republik; eine andere setzte sich im Maghreb fest und eroberte mit Hilfe von Berbersöldnern Kairuan. Im Jahre 910 erschien ein Mann namens Ubaidallah in Tunesien, der seine Abstammung auf Ali und Fatima zurückführte. Er nahm den Kalifentitel an, und seine Familie begründete im Zeitraum von fünfzig Jahren eine stabile Dynastie, die Fatimiden, die ihren Namen von Fatima, der Tochter des Propheten ableiteten. Aus religiösen und politischen Gründen zogen sie nach Osten in die Länder der Abbasiden und besetzten 969 Ägypten. Von dort dehnten sie ihre Herrschaft auf das westliche Arabien und Syrien aus, verloren jedoch bald Tunesien.

Die Fatimiden nahmen beide Titel an, den des *imam* und den des Kalifen. Als Imame beanspruchten sie die Oberhoheit über alle Muslime, und ihr Staat wurde zu einem Zentrum der Missionstätigkeit. Lange nach dem Ende des Fatimidenstaates bestanden im Jemen, in Syrien, in Iran und später auch im Westen Indiens noch Gemeinden, die von Anhängern der Fatimiden gegründet worden waren.

Die Fatimiden waren nicht nur Imame, sondern Herrscher über ein großes Reich, dessen Zentrum im Niltal lag. Kairo war ihre Gründung, eine imperiale Stadt nördlich von Fustat, das Symbol ihrer Macht und Unabhängigkeit. Ihre Regierungsformen orientierten sich an dem des früheren Kalifats in Bagdad. Die Macht lag ausschließlich in der Hand des Kalifen und wurde durch Pracht und aufwendiges Zeremoniell zur Schau gestellt. Unter den Fatimidenkalifen war es üblich, daß sie sich der Bevölkerung von Kairo in feierlichen Prozessionen zeigten. Die hohen Staatsbeamten versammelten sich im großen Saal des Palastes; der Kalif trat mit dem Szepter in den Händen hinter einem Vorhang hervor, bestieg sein Pferd und ritt zum Palasttor, wo alle Trompeten erschallten. Umgeben von seinem Gefolge und seinen Truppen ritt er durch Straßen, die Händler mit Brokat- und feinen Leinenstoffen geschmückt hatten. Die Prozessionen waren Ausdruck beider Aspekte fatimidischer Herrschaft. Manche waren religiöser Natur, andere demonstrierten die Identifikation des Herrschers mit dem Leben der Stadt und mit dem Fluß.

Die Einnahmen aus den fruchtbaren Regionen des Deltas und des Niltals, von Handwerk und Gewerbe in den Städten und dem Handel im Mittelmeer und dem Roten Meer bildeten die Grundlage der Fatimidenmacht. Sie waren hoch genug, um eine Armee zu unterhalten, die aus Söldnern bestand, die außerhalb Ägyptens angeworben wurden: Berber, Schwarze aus dem Sudan und Türken. Der Kalif unternahm keinen systematischen Versuch, den ägyptischen Muslimen, die zum größten Teil Sunniten blieben, die isma'ilitische Doktrin aufzuzwingen. Mit ihnen zusammen lebten große christliche und jüdische Gemeinden in einer weitgehend friedlichen Symbiose.

Der Anspruch der Fatimiden auf das Kalifat war eine direkte Herausforderung der Abbasiden. Eine weitere Herausforderung, diesmal für Fatimiden und Abbasiden, kam aus dem Westen der muslimischen Welt. Diese von den Arabern eroberten Gebiete – Marokko und Spanien – ließen sich vom östlichen Mittelmeer nur schwer und vom Irak aus überhaupt nicht unter Kontrolle halten. Das arabische Militär und die Beamten dort verfolgten bald Eigeninteressen und konnten das leicht in einer Form deutlich machen, die Erinnerungen an die Triebkraft weckte, die sie so weit von Arabien weggeführt hatte. Am Ende des achten Jahrhunderts begab sich Idris, ein Urenkel Alis, nach Marokko, fand dort Unterstützung und gründete eine Dynastie, die in der Geschichte Marokkos einen wichtigen Platz einnimmt: Die Idrisiden erbauten Fes und begründeten eine bis heute lebendige Tradition, in der unabhängige Dynastien Marokko beherrschen und ihren Machtanspruch mit der Abstammung vom Propheten legitimieren.

Wichtiger für die Geschichte der gesamten muslimischen Welt war der separate Weg, den Spanien oder Andalus (um ihm seinen arabischen Namen zu geben) einschlug. Die ersten Araber landeten 710 in Spanien und errichteten dort bald eine Provinz des Kalifats, die bis in den Norden der

Iberischen Halbinsel reichte. Den Arabern und Berbern der ersten Besiedlungswelle folgte bald eine große Zahl Soldaten aus Syrien, die eine bedeutende Rolle spielen sollten. Nach der Machtergreifung der Abbasiden suchte nämlich ein Umaiyade Zuflucht in Spanien und fand dort Unterstützung. Er gründete eine neue Umaiyadendynastie, die dreihundert Jahre an der Macht blieb. Der Herrscher nahm jedoch erst um die Mitte des zehnten Jahrhunderts den Kalifentitel an.

Im neuen Umaiyadenreich vollzog sich der gleiche Prozeß des Wandels, wie ihn der Osten erlebte. Eine Gesellschaft, in der Muslime über eine nichtmuslimische Mehrheit herrschten, veränderte sich allmählich so weit, daß ein beträchtlicher Teil der Bevölkerung die Religion und die Sprache der Herrscher übernahm, und eine zunächst dezentralisierte Regierung, die sich politischer Manipulation als Machtinstrument bediente, wandelte sich zu einer mächtigen zentralistischen Regierung, die mittels bürokratischer Kontrolle herrschte.

Wiederum wurde eine neue Hauptstadt gegründet: Cordoba am Guadalquivir. Der Fluß war die Wasserstraße für den Transport der Massengüter, die für Ernährung und Gewerbe erforderlich waren; in der umliegenden Ebene wurden auf bewässertem Land Getreide und andere landwirtschaftliche Erzeugnisse für die Stadt angebaut. Cordoba lag am Schnittpunkt wichtiger Handelsstraßen und war ein großer Markt für den Austausch von Gütern zwischen den Regionen. Als die Dynastie autokratischer wurde, zog sie sich wieder aus dem städtischen Leben zurück. Der Kalif verlegte seinen Hof in eine Königsstadt, nach Medinat az-Zahra, in einiger Entfernung von der Hauptstadt Cordoba. Dort residierte er in Prunk und Pracht, umgeben von einer herrschenden Schicht aus Arabern und arabisierten Familien – die Trennung des Herrschers von der Gesellschaft war nicht so ausgeprägt wie in Bagdad –, der jedoch auch ehemalige Sklaven vom Schwarzen Meer, aus Italien und anderswo angehörten. In der Armee gab es ebenfalls einen festen Kern ausländischer Söldner neben Arabern und Berbern, die als Gegenleistung für ihren Militärdienst Land erhalten hatten.

Wie in Syrien nutzten die Umaiyaden, seit ihren Ursprüngen im Hedschaz Stadtbewohner, ihre Macht, um die Interessen der Städte und des besiedelten Landes zu fördern. Die Städte – zuerst Cordoba und später Sevilla – wuchsen mit dem vom bewässerten fruchtbaren Land erarbeiteten Reichtum, denn es gelang, mit Anbauverfahren, die man aus dem Nahen Osten übernahm, Überschüsse zu produzieren. In diesen Gebieten spielten die Araber eine bedeutende Rolle als Grundbesitzer und Pflanzer, auch wenn ein großer Teil der autochthonen Bevölkerung dort verblieb.

Im Hochland um die bewässerten Ebenen lebten berberische Einwanderer aus den Bergen des Maghreb als kleine Bauern und Schafhirten. Der Zuzug von Berbern aus dem Maghreb nach Spanien hielt länger an als die Einwanderung der Araber aus dem Osten, und vermutlich war ihre Zahl auch höher. Im Laufe der Zeit konvertierte auch ein Teil der einheimischen Bevölkerung zum Islam; am Ende des zehnten Jahrhunderts bestand die Mehrheit der Bewohner von Andalus möglicherweise aus Muslimen. Aber Seite an Seite mit ihnen lebten andere, die nicht konvertierten, allen voran Christen und eine beachtliche Zahl jüdischer Handwerker und Händler. Zusammengehalten wurden diese Gruppen durch die Toleranz der Umaiyaden gegenüber Juden und Christen und durch die Verbreitung der arabischen Sprache; sie war im elften Jahrhundert die Sprache der Mehrheit, also der Christen, Juden und Muslime gleichermaßen. Toleranz, eine gemeinsame Sprache und eine lange Tradition unabhängiger Herrschaft trugen alle zum Entstehen einer ausgeprägt andalusischen Gesellschaft und eines andalusischen Bewußtseins bei. Ihre islamische religiöse Kultur entwickelte sich in anderen Bahnen als die der östlichen Länder, und auch ihre jüdische Kultur wurde unabhängig von der des Irak, dem wichtigsten Zentrum religiösen jüdischen Lebens.

Deshalb kamen in der Annahme des Kalifentitels durch Abd ar-Rahman III. (912–61) nicht nur dynastische Interessen zum Ausdruck, sondern auch die eigene Identität von Andalus. Mit seiner Herrschaft erreichte die unabhängige Macht der spanischen Umaiyaden ihren Höhepunkt. Bald darauf, im elften Jahrhundert, sollte ihr Reich in eine Reihe kleinerer Staaten zerfallen, die von Araber- oder Berberdynastien (die »Parteienkönige« oder »Cliquenkönige«, *muluk at-tawa'if*) regiert wurden. Ein ähnlicher Prozeß vollzog sich im Abbasidenreich.

Eine geeinte Gesellschaft: die ökonomischen Grundlagen

Der Zerfall eines zentralistischen Regierungssystems in Ost und West war kein Zeichen sozialer oder kultureller Schwäche. Inzwischen war eine muslimische Welt entstanden, die durch vielerlei Bindungen zusammengehalten wurde und die eine große Zahl von Macht- und Kulturzentren hatte.

Das Aufgehen eines so riesigen Gebietes in einem einzigen Reich hatte im Laufe der Zeit eine ökonomische Einheit hervorgebracht, die nicht nur durch ihre Größe allein bedeutungsvoll war, sondern weil sie die beiden großen Meere der zivilisierten Welt miteinander verband: das Mittelmeer und den Indischen Ozean. Kaufleute, Handwerker, Gelehrte und Pilger konnten sich hier frei bewegen, und ebenso frei fand ein Austausch von Gedanken, Stilen und Techniken statt. Dieses riesige Gebiet wechselseitiger Beeinflussung ermöglichte das Entstehen großer Städte, starker Regierungen, eines übernationalen Handels und auf Grund des Reichtums blühende Landstriche, die alle Bedingungen für ein sich gegenseitig förderndes Miteinander erfüllten.

Die Schaffung des muslimischen Reiches und später der Staaten auf seinem früheren Territorium ließ Großstädte entstehen, deren Paläste, Regierungen und Bewohner neben Nahrung und Rohmaterial für Handwerk und Gewerbe Luxusgüter benötigten, um Reichtum und Macht zur Schau zu stellen, und in denen die Vielschichtigkeiten des Stadtlebens den Wunsch nach Neuem und nach Imitation der Moden der Mächtigen oder der Fremden weckten. Städtischer Bedarf und die relativ bequemen Verbindungen wiesen dem schon immer existierenden Fernhandel neue Richtungen und brachten ihm neue Organisationsformen. Große, sperrige Güter konnten nicht gewinnbringend über sehr große Strecken transportiert werden; eine Stadt war für die meisten Nahrungsmittel auf das unmittelbare Hinterland angewiesen. Aber der Gewinn bei manchen Gütern war so groß, daß er auch einen langen Transport sinnvoll machte. Pfeffer und andere Gewürze, Edelsteine, edle Gewebe und Porzellan kamen aus Indien und China, Pelze aus den Ländern des Nordens, und im Austausch dafür lieferte man Korallen, Elfenbein und Stoffe. In den Großstädten des Mittleren Ostens lebten nicht nur Konsumenten, sondern Produzenten von Manufakturwaren zum Eigengebrauch und zum Export. Manche Güter wurden in Großproduktion hergestellt: Rüstungen und Waffen in staatlichen Arsenalen, edle Stoffe für die Paläste in Manufakturen, Zucker in Raffinerien, Papier in Papiermühlen – aber das meiste entstand in kleinen Textil- oder Metallwerkstätten.

Vor der Erfindung von Eisenbahn und Automobil war der Transport auf dem Wasser billiger, schneller und sicherer als auf dem Landweg. Damit die Bewohner einer Großstadt ernährt werden konnten, war es beinahe eine Voraussetzung, daß die Stadt an der Küste oder einem schiffbaren Fluß lag; auch die Hauptrouten des Fernhandels waren Seewege – zu dieser Zeit besonders die des Indischen Ozeans. Unter den Abbasiden waren die wichtigsten Umschlagzentren für den Handel auf diesen Routen Basra im unteren Irak und Siraf an der iranischen Golfküste. Beide lagen im Herrschaftsbereich der Abbasiden und konnten den Bedarf der Hauptstadt befriedigen. Im zehnten Jahrhundert kam es zu einer gewissen Verlagerung des Handels vom Persischen Golf zum Roten Meer, da Kairo zum Zentrum von Handel und Macht aufgestiegen war und die Nachfrage aus den italienischen Handelsstädten kontinuierlich wuchs. Doch das war erst ein Anfang.

Ab Basra und Siraf lag der Handel mit dem Osten hauptsächlich in den Händen iranischer, arabischer oder jüdischer Händler, die auf arabischen Schiffen zu den Häfen der indischen Westküste oder noch weiter segelten. Einige Zeit fuhren sie sogar bis China, aber nach dem zehnten Jahrhundert waren die Häfen in Südostasien ihre entferntesten Ziele. Auch mit dem Süden bestanden Handelsverbindungen – mit Süd- und Westarabien und mit Ostafrika. Von Basra wurden die Waren auf dem Fluß nach Bagdad gebracht und von dort entweder auf den Wüstenrouten nach Syrien und Ägypten transportiert oder durch Anatolien nach Konstantinopel und Trapezunt oder auf der großen Handelsstraße von Bagdad nach Nischapur im nordöstlichen Iran und weiter nach Zentralasien und China. Über lange Strecken wurden die Waren in großen, gut organisierten Karawanen auf Kamelrücken getragen, über kürzere Strecken auch von Maultieren oder Eseln. Im größten Teil des Nahen Ostens verschwand nach dem Aufstieg des muslimischen Reiches der Transport auf Rädern und erlangte erst im neunzehnten Jahrhundert wieder Bedeutung. Dafür sind mehrere Gründe genannt worden: Die römischen Straßen wurden vernachlässigt und unpassierbar; die neue arabische Herrenschicht hatte ein besonderes Interesse an der Kamelzucht, und der Transport auf dem Kamelrücken war wirtschaftlicher als auf Wagen oder Karren.

Der Handel im Mittelmeer war zunächst ständig gefährdet und begrenzt. Westeuropa hatte sich noch nicht so weit erholt, daß es viele Güter für den Export produzieren oder in größerem Maße Bedarf an Importen hatte; außerdem versuchte das Byzantinische Reich einige Zeit, die Seemacht und den Seehandel der Araber einzuschränken. Den wichtigsten Faktor bildete der Handel entlang der europäischen Südküste, der Spanien und den Maghreb mit Ägypten und Syrien verband; dabei kam Tunesien die Rolle eines Umschlagplatzes zu. Auf dieser Route bauten Kaufleute, darunter viele Juden, den Handel mit spanischer Seide, Gold aus Westafrika und Metallen und Olivenöl aus. Später, im zehnten Jahrhundert, gewann der Handel mit Venedig und Amalfi große Bedeutung.

Starke Regierungen und große Städte konnten ohne eine produktive Landwirtschaft nicht leben; aber die Landwirtschaft ihrerseits brauchte eine starke Regierung und Städte, die in die Landwirtschaft investierten, um zu florieren. In den von den Arabern eroberten Ländern, besonders jenen, die viele arabische Einwanderer anlockten, wuchs eine neue landbesitzende Klasse heran. Enteignetes Land, das offiziell dem Herrscher gehörte, wurde Arabern mit der Verpflichtung überlassen, Steuern zu entrichten. Im zehnten Jahrhundert bildete sich eine Praxis heraus, nach der die Erhebung von Steuern auf Land Beamten oder Offizieren übertragen wurde, die dadurch praktisch Grundbesitzer wurden und ein Interesse daran hatten, die landwirtschaftliche Produktion in Gang zu halten. Die Bauern, die das Land vorher bearbeitet hatten, taten das in vielen Fällen auch weiterhin, obwohl es in manchen Gegenden zur Abwanderung von Bauern und Viehzüchtern kam. Die uns vorliegenden Zeugnisse weisen darauf hin, daß das Verhältnis von Grundbesitzer und Pächter auf der Teilung der Ernte in der einen oder anderen Form basierte: Nach Entrichtung der Steuern wurden die Produkte in einem festgelegten Verhältnis zwischen denen verteilt, die Land, Saatgut, Tiere und Arbeit stellten. Für bewässertes Land oder bei geplanten Baumpflanzungen waren die Übereinkünfte komplizierter.

Landbesitzer, die durch den Handel oder auf anderem Weg Gewinne machten, setzten diese für die landwirtschaftliche Produktion ein, und mit Hilfe ihres Kapitals wurden neue Techniken eingeführt. Es gibt Zeugnisse dafür, daß mit der Ausdehnung des islamischen Reiches neue Nutzpflanzen in Umlauf kamen oder daß zumindest die bereits bekannten sich weiter verbreiteten. Im allgemeinen verlief die Ausbreitung in Richtung Westen, von China oder Indien über Iran zum Mittelmeer: Reis, Zuckerrohr, Baumwolle, Wassermelonen, Auberginen, Orangen und Zitronen wurden in weiten Landstrichen angepflanzt. Manche dieser Produkte erforderten hohe Investitionen für Bewässerung und Bodenverbesserung. Alte Bewässerungssysteme wurden wiederhergestellt – zum Beispiel im Südirak – und neue angelegt. Die Ausbreitung in Richtung Westen läßt sich in Spanien erkennen, das von Syrien das Schöpfrad (*na'ura, noria*) und von Iran den unterirdischen Kanal (*qanat*) übernahm. Auch neue Methoden des Fruchtwechsels kamen so nach Spanien.

Durch solche Verbesserungen wurden die Agrarüberschüsse erhöht; in Zusammenhang mit den Wachstumsimpulsen für Handel und Gewerbe vergrößerte sich die Bedeutung, die Geld in der Wirtschaft des Nahen Ostens und des Mittelmeerraums spielte. Ein international anerkanntes Geldsystem entstand. Der Strom von Edelmetallen, besonders von afrikanischem Gold in das Kalifat, ermöglichte eine Erweiterung des Münzumlaufs. Der Golddinar der Abbasiden blieb jahrhundertelang die wichtigste Handelswährung, und islamische Silbermünzen hat man sogar in Skandinavien und in Wychwood Forest nördlich von Oxford gefunden. Mit der Entwicklung des Münzwesens ging der Aufbau eines Kreditsystems einher. Großkaufleute nahmen Einlagen entgegen und gaben Kredite. Auch Geldverleiher und Steuereinnehmer setzten ihr akkumuliertes Bargeld für Darlehen ein. Kaufleute mit Geschäftsfreunden oder Kunden an anderen Orten stellten ihnen Schuldscheine oder Kreditbriefe aus.

Eine komplexe und ausgedehnte Wirtschaft hätte ohne ein System übereinstimmender Erwartungen von Partnern, die keine persönlichen Kontakte unterhielten und als Unbekannte miteinander Geschäfte machten, nicht existieren können. In manchen Fällen stellten Familienbande diese Übereinstimmung her, zum Beispiel unter den jüdischen Kaufleuten, die im Mittelmeerraum und auch darüber hinaus reisten, Handelsbeziehungen anknüpften und dabei die Grenzen zwischen muslimischen und christlichen Ländern überschritten. Wenn solche Bindungen nicht existieren, brauchte man Gesetze oder allgemein anerkannte Normen gesellschaftlicher Moral. In gleicher Weise brauchten Grundbesitzer und Pächter klare, anerkannte Regeln für Landbesitz, Teilung der Erträge, Besteuerung, Rechte an Wasser, Bäumen und Bodenschätzen.

Wirtschaftsverbindungen verlangten daher ein System allgemein anerkannten Verhaltens, und das wurde erst möglich, als immer größere Teile der Bevölkerung in den Ländern unter muslimischer Herrschaft selbst Muslime wurden und als sich die Menschen jene gesellschaftlichen Verhaltensregeln zu eigen machten, die sich aus Muhammads Offenbarungen ableiten ließen.

Die Einheit von Glaube und Sprache

Es ist nicht einfach, etwas über die Stadien zu sagen, in denen sich die Islamisierung der von den Arabern unterworfenen Völker vollzog. Aber eine Untersuchung über die Annahme spezifisch muslimischer Namen hat Größenordnungen ergeben, die glaubwürdig erscheinen.[1] Nach dieser Schätzung waren am Ende der Umaiyadenherrschaft (das heißt, in der Mitte des zweiten islamischen und achten christlichen Jahrhunderts) weniger als zehn Prozent der Bevölkerung von Iran und Irak, Syrien und Ägypten, Tunesien und Spanien Muslime. Auf der Arabischen Halbinsel muß der Prozentsatz jedoch sehr viel höher gewesen sein. Abgesehen von den arabischen Stämmen, die bereits vor der muslimischen Eroberung im Irak und in Syrien lebten, kamen die Konvertiten wohl entweder aus den unteren Gesellschaftschichten – etwa kriegsgefangene Soldaten – oder aus der Beamtenschaft des Sasanidenreiches, die in die Dienste der neuen Herren trat. Es wurde kein Druck ausgeübt, und für andere Gruppen gab es im Grunde keinen Anreiz zu einem Glaubenswechsel. Die Konvertiten lebten zumeist in oder nahe den großen urbanen Zentren der arabischen Bevölkerung und der arabischen Macht, wo islamische Institutionen erstmals ihre Tätigkeiten aufnahmen – die Moschee, der Gerichtshof. Diese Städte im Irak und in Iran, Kairuan in Nordafrika und Cordoba in Spanien, waren die Zentren, von denen der Islam ausstrahlte.

Am Ende des vierten islamischen Jahrhunderts (des zehnten Jahrhunderts nach Christus) hatte sich das Bild verändert. Ein Großteil der Bevölkerung war mittlerweile muslimisch geworden. Nicht nur Städter, sondern auch eine große Zahl von Landbewohnern müssen bekehrt worden sein. Ein Grund dafür ist vielleicht, daß der Islam inzwischen als Religion klarer definiert und die Trennungslinie zwischen Muslimen und Nichtmuslimen stärker gezogen worden war. Muslime lebten nun nach einer sorgfältig ausgearbeiteten Ordnung, die Rituale, Glaubensfragen und Gesetze umfaßte und die sich deutlich von anderen Bevölkerungsgruppen unterschied; das muslimische Bewußtsein war stärker geworden. Der Status von Christen, Juden und Zoroastriern war genauer umrissen und in mancher Hinsicht dem der Muslime untergeordnet. Die Andersgläubigen waren das »Volk des Buches«, da sie eine geoffenbarte Heilige Schrift besaßen, oder sie wurden das »Volk des Bundes« genannt, denn man hatte Schutzverträge mit ihnen geschlossen (der sogenannte Vertrag von Umar). Im allgemeinen zwang man sie nicht zum Glaubenswechsel, aber sie mußten gewisse Beschränkungen hinnehmen. Sie entrichteten eine besondere Steuer; sie durften bei ihrer Kleidung bestimmte Farben nicht tragen; sie konnten keine muslimische Frau heiraten; vor Gericht galt ihre Aussage nichts gegen die eines Muslim; ihre Häuser und Gebetsstätten durften nicht auffällig sein; sie waren von Machtpositionen ausgeschlossen (obwohl an verschiedenen Orten Juden und Christen als Sekretäre oder Finanzbeamte für muslimische Herrscher arbeiteten). Es hing von den örtlichen Bedingungen ab, wie streng diese Regeln eingehalten wurden, aber die Lage einer Minorität ist selbst unter den günstigsten Umständen unsicher, und deshalb bestand natürlich immer der Anreiz, zum Islam überzutreten.

Der Prozeß der Konversion erfaßte jedoch nicht alle. In frühislamischer Zeit hatte man zwar die Juden vom größeren Teil der Arabischen Halbinsel vertrieben. Aber in den großen Städten anderer muslimischer Länder lebten sie weiterhin als Händler und Handwerker und in manchen ländlichen Distrikten als kleine Kaufleute – im Nordirak, im Jemen und in Marokko. Daß sie überlebten und sogar eine Blüte erlebten, lag nicht nur an der Kraft ihres Gemeinschaftssinnes, sondern auch daran, daß es ihnen gelang, gewisse ökonomische Positionen in den Nischen einer komplexen Gesellschaft zu besetzen. Auch waren sie nicht mit einem der Staaten zu identifizieren, mit denen die Muslimherrscher von Zeit zu Zeit im Krieg lagen. Für die Christen sah die Lage anders aus. Manche hatten religiöse Bindungen an das Byzantinische Reich und konnten in Kriegszeiten in den Verdacht geraten, mit dem Feind zusammenzuarbeiten. Die Bindungen ihrer Gemeinschaft waren nicht so eng wie bei den Juden; in einigen Landesteilen war das Christentum bei den Menschen vielleicht auch nicht so tief verwurzelt. Es gab Gegenden, in denen das Christentum völlig ausstarb, in anderen blieb es die Religion einer Minorität. In Spanien gehörte ein großer Teil der Bevölkerung auch weiterhin der römisch-katholischen Kirche an; anderswo überlebte das Christentum in Sekten, die sich während der ersten Jahrhunderte als Folge der großen Kontroversen über die Natur und das Wesen Christi von der Hauptkirche abgespalten hatten: Nestorianer, Monophysiten und Monotheleten. Die Christen lebten nicht nur in den Städten, sondern auch in ländlichen Gebieten, besonders in Oberägypten, in den Bergen des Libanon und im Nordirak.

Die arabische Sprache verbreitete sich zusammen mit dem Islam, in manchen Gegenden war sie bereits in vorislamischer Zeit in Gebrauch. Im Innern von Syrien und im Westirak sprach zur Zeit der Eroberung durch die Araber bereits ein Großteil der Bevölkerung arabisch. Die neuen Städte mit ihren zugewanderten Bewohnern und der von Arabern dominierten Herrenschicht waren Zentren, die auf das Umland ausstrahlten. Das Arabische breitete sich als gesprochene Sprache in Form von Dialekten aus, die von lokalen Umgangssprachen beeinflußt wurden, und als Schriftsprache in einer Form, deren Einheit und Kontinuität im Koran – dem in arabischer Sprache von Gott gesandten Buch – bewahrt wurde.

Als gesprochene Sprache stieß Arabisch im Iran an eine Grenze, denn dort sprach man weiterhin Persisch. Als Schriftsprache dagegen gab es für Arabisch in der Welt des Islam keine Grenzen. Die Religion trug die Sprache mit sich. Konvertiten nichtarabischer Herkunft, besonders Iraner, lasen den Koran auf Arabisch und spielten eine bedeutende Rolle bei der Ausformung des Gedanken- und Rechtssystems, das im Koran wurzelte. Die Nichtbekehrten bedienten sich zu religiösen und literarischen Zwecken weiterhin ihrer eigenen Sprachen, so blieben die Liturgien mancher Ostkirchen zum Beispiel syrisch oder koptisch. Hebräisch und Aramäisch waren die Sprachen jüdischer Frömmigkeit und Gelehrsamkeit; die zoroastrischen heiligen Schriften erhielten ihre endgültige Form nach dem Vordringen des Islam in Pahlevi, die vor der Eroberung gebräuchliche Form des Persischen. Aber selbst in dieser Hinsicht trat eine Veränderung ein. Arabisch wurde in einigen Ostkirchen zur Sprache des Ritus und der religiösen Literatur; die Juden in Spanien gebrauchten Arabisch in der Philosophie, Wissenschaft und Poetik. Das erste große Hindernis für die Ausbreitung des Arabischen stellte das Aufkommen von Persisch in einer islamisierten Form als Literatursprache im neunten Jahrhundert dar. Aber auch im Iran blieb Arabisch weiterhin die Hauptsprache religiöser und juristischer Gelehrsamkeit.

Daher nehmen in den Schriften dieser Zeit Worte wie »Araber« oder »arabisch« weiter gefaßte Bedeutungen an, welche die früheren überlagern. Sie mögen einerseits auf Gruppen verweisen, deren Ursprünge auf der Arabischen Halbinsel liegen, besonders auf jene, die für sich in Anspruch nehmen konnten, den Nomadenstämmen mit ihrer kriegerischen Tradition anzugehören; oder man meinte damit alle – von Marokko und Spanien bis zur iranischen Grenze –, die Arabisch als Umgangssprache übernommen hatten; die Bedeutung der Wörter kann jedoch sogar so weit gehen, daß damit all jene gemeint sind, für die Arabisch das prinzipielle Ausdrucksmittel in einer höchst literarischen Kultur geworden war.

Unter den Umaiyaden erlebte die poetische Tradition eine Blüte; die meisten berühmten Dichter der frühen Periode entstammten noch arabischen Beduinenstämmen: Achtal, Farazdaq und Dscharir. Etwas hatte sich jedoch verändert. Unter der Schirmherrschaft der Höfe – der Hof der Umaiyaden in Damaskus, aber auch die Residenzen mächtiger Stammesführer – vergrößerte sich die geographische Reichweite der Dichtung, und nicht selten veränderte sich auch ihr Wesen. Preislieder auf den Herrscher und die Mächtigen nahmen einen größeren Raum ein; gleichzeitig fand die Liebesdichtung (*ghazal*) zu einem persönlicheren Ton.

Während der Spätzeit der Umaiyaden und der frühen Periode der Abbasidenherrschaft kam es zu einer fundamentaleren Veränderung. Der Islam veränderte den Blick der Menschen auf die arabische Sprache. Der Koran war das erste auf arabisch geschriebene Buch; nach Überzeugung der Muslime war er in dieser Sprache geoffenbart worden. Er benutzte die gehobene Sprache der Dichtung früherer Zeit, aber sie diente nun einem anderen Zweck. Für alle, die daran glaubten, daß der Koran das Wort Gottes sei, war es ein absolutes Gebot, daß sie seine Sprache verstanden; sie sahen in der alten Dichtung nicht nur den *diwan* der Araber, sie war nun auch die Norm für die richtige Sprache.

Arabisch wurde nun nicht nur das Ausdrucksmedium für alle, die von der Arabischen Halbinsel in andere Regionen des Reiches kamen, sondern auch für jene anderer Herkunft, die den islamischen Glauben annahmen oder diese Sprache zumindest bei ihrer Arbeit oder in ihrem Leben gebrauchten. Das galt besonders für die Beamten aus persischen oder anderen Gebieten, die den neuen Herren dienten. Das Zentrum literarischen Schaffens verlagerte sich von den Oasensiedlungen und Stammeslagern in die neuen Städte: zunächst nach Basra und Kufa und dann in die neue Reichshauptstadt Bagdad. Das literarische Milieu veränderte und erweiterte sich; es schloß die Kalifen und ihre Höfe ein, die hohen Würdenträger und die neue städtische Elite gemischter Herkunft. Mündliches Verfassen und die Rezitation von Gedichten mögen auch weiterhin gepflegt worden sein, doch man begann nun, literarische Werke niederzuschreiben; mit dem Beginn des neunten Jahrhunderts sorgte die Einführung des Papiers für eine Verbreitung der geschriebenen Werke. Zuvor hatte man zum Schreiben Papyrus und Pergament benutzt; aber in der zweiten Hälfte des achten Jahrhunderts gelangte aus China die Technik der Papierherstellung in den Westen. Zunächst wurde Papier in Chorasan produziert, dann aber auch in anderen Teilen des Reiches, und um die Mitte des zehnten Jahrhunderts hatte das Papier den Papyrus mehr oder weniger verdrängt.

Es war nur natürlich, daß mit der Verbreitung der arabischen Sprache in manchen Menschen, die sie lernten, das Bedürfnis nach einem umfassenderen Verständnis wuchs. Die Sprachwissenschaften sind in erster Linie von Männern entwickelt worden, für die Arabisch eine erworbene Sprache war, und die deshalb über sie nachdenken mußten. Die Anfänge der Lexikographie, das Sammeln und Klassifizieren von Wörtern, gehen auf Gelehrte zurück, die auf den Marktplätzen mit Beduinen zusammentrafen. Die Grammatik, eine Erklärung der Struktur des Arabischen, wurde zuerst von Sibawaih (gest. 793), einem Nichtaraber, systematisch erfaßt. Alle späteren Werke basieren auf seinen Schriften. Der Wunsch, in diese Sprache tiefer einzudringen und sie besser zu verstehen, brachte Gelehrte auch dazu, die altarabische Dichtung zu sammeln und zu studieren. Bei der Herausgabe der Gedichte in schriftlicher Form müssen diese Männer sie verändert haben, und gleichzeitig wurden die formalen Prinzipien der Dichtkunst ausgearbeitet, die einen so großen Einfluß auf spätere Dichter haben sollten. Ibn Qutaiba (828–89), der erste bedeutende Literaturtheoretiker, schrieb eine Abhandlung über die typische *qasida*, an der sich spätere Dichter orientierten. Nach seiner Ansicht sollte die *qasida* mit der Erinnerung an entschwundene Orte und eine verlorene Liebe beginnen, mit der Schilderung einer Reise fortfahren und im eigentlichen Thema gipfeln – dem Lobpreis, der Elegie oder der Satire.

Die Schriften der Theoretiker waren für die Entwicklung der Dichtkunst vielleicht weniger von Bedeutung als die Praxis von Dichtern einer neuen Art. Ihre Dichtung war individueller als die der Verfasser vorislamischer Qasiden. Manche von ihnen waren keine Araber, sie lebten in Städten und kannten die poetische Tradition, deren Erbe sie antraten, benutzten sie jedoch mit bewußter literarischer Kunstfertigkeit. Es entwickelte sich ein neuer Stil, der *badi'*. Er war gekennzeichnet durch eine kunstvolle Sprache und rhetorische Figuren: Das Vokabular war gewählt, die Worte standen oft in Antithese zueinander, aber alles wurde nach wie vor in dem für die frühe Dichtung charakteristischen starren Rahmen von Metren und Reimen ausgedrückt.

Die Themen der Dichtung waren nun vielfältiger als zuvor. Die Dichter schrieben über die erotische Liebe, begnügten sich nicht mehr mit dem formalisiertem Bedauern um den Verlust der Geliebten oder den Verzicht auf die verbotene Liebe. Manche Dichter beteiligten sich an den religiösen und ethischen Kontroversen der frühen islamischen Jahrhunderte: Abu l-Ala' al-Ma'arri (973–1057) schrieb Gedichte und ein kunstvolles Prosawerk, in denen allgemein akzeptierte Vorstellungen von der Offenbarung und dem Leben nach dem Tode angezweifelt wurden.

Es war nur natürlich, daß ein besonderes Gewicht auf Panegyrik gelegt wurde, das Preisgedicht, allerdings weniger auf den Stamm des Dichters als auf den Herrscher oder den Gönner. Im Preisgedicht verkürzte sich der erste Teil dessen, was für Ibn Qutaiba die typische *qasida* gewesen war, und wurde schlicht zur Einführung in das Hauptthema. Der Dichter pries den Herrscher oder Gönner in kunstvollen und förmlichen Worten; manchmal spürte man dahinter trotzdem die Persönlichkeit des Dichters und seine Gefühle.

Kritiker in späterer Zeit sahen in al-Mutanabbi (915–68) den größten Meister dieser Art Dichtung. Er entstammte einer arabischen Familie, wurde in Kufa geboren und verbrachte einen Teil seiner frühen Jahre bei dem arabischen Stamm der Banu Qalb. In seiner Jugend war er auch politisch aktiv und lebte in späteren Jahren als Hofdichter verschiedener Herrscher in Aleppo, Kairo, Bagdad und Schiraz. Seine vielleicht fruchtbarste Zeit waren die Jahre, in denen er als Hofdichter bei Saif ad-Dawla, einem Hamdanidenherrscher über Aleppo und Nordsyrien, lebte. Der Herrscher wird in Hyperbeln gepriesen. Als sein Herr eine Krankheit überwindet, schreibt der Dichter:

> Ruhm und Ehre wurden geheilt, als Du geheilt wurdest, und Schmerz ging von Dir auf Deine Feinde über ... Licht, das von der Sonne gewichen war, als sei sein Verlust eine Krankheit des Körpers, kehrte zu ihr zurück ... Die Araber sind ohnegleichen in der Welt, da sie von seiner Rasse sind, aber Fremde teilen sich mit den Arabern seine Wohltaten ... Ich beglückwünsche nicht Dich allein zu Deiner Genesung; wenn es Dir gut geht, geht es allen Menschen gut.[2]

In solchen Preis mischt sich jedoch ein gewisses Eigenlob, etwa in einem
Gedicht, das entstand, als er glaubte, Saif ad-Dawla habe seine Gunst
einem anderen geschenkt:

> O du gerechtester aller Menschen, nur nicht im Umgang mit mir, ich liege mit Dir im
> Streit, und du bist mein Gegner so gut wie mein Richter . . . Ich bin es, bei dem selbst
> die Blinden sehen können, was er geschrieben hat, und der selbst die Tauben dazu
> bringt, seine Worte zu hören. Ich schließe im Schlaf die Lider vor den herumirrenden
> Worten, während andere Männer ihretwegen schlaflos liegen und miteinander wett-
> eifern . . . in welcher Sprache trägt das Gesindel, weder Araber noch Perser, Dir seine
> Dichtung vor? Dies ist ein Vorwurf an Dich, aber er ist in Liebe geschrieben; er ist mit
> Perlen eingelegt, und sie sind meine Worte.[3]

Die Dichter führten eine alte Tradition fort, aber arabische Prosa war etwas
Neues. Der Koran ist das erste Prosawerk in Hocharabisch (zumindest das
erste überlieferte), und das Entstehen anderer war in gewisser Hinsicht
eine natürliche Folge. Geschichten über den Propheten und die Siege der
Araber wurden gesammelt und niedergeschrieben, und populäre Prediger
entwickelten eine rhetorische Sprache für islamische Themen. Einige Zeit
später entstand eine andere Art künstlerischer Prosa; sie wandte sich Themen zu, die aus anderen Kulturen kamen. Eines der frühesten und be-
rühmtesten Beispiele dafür ist *Kalila wa Dimna*, eine Sammlung moralischer Fabeln aus dem Tierleben. Sie kam auf dem Weg über das Pahlevi aus
dem Sanskrit und wurde von Ibn al-Muqaffa' (*ca.* 720–56), einem Abbasi-
densekretär iranischer Herkunft, in arabischer Prosa verfaßt.

Er ist ein Beispiel für die arabisierten und islamisierten Beamten, die
Ideen und literarische Gattungen ihrer eigenen Tradition in das Arabische
einbrachten. Daneben gab es jedoch eine andere Gruppe Schriftsteller, die
sich von der gewaltigen Welt inspirieren ließen, die durch die Verbreitung
des Islam und sein Reich entstanden war: die Vielzahl der Völker und
Länder, die neue Vielfalt menschlicher Charaktere, die neuen Probleme
von Moral und Verhalten. Sie versuchten, diese Themen im Licht der Normen des neuen islamischen Glaubens zu sehen und sie in einer angemessenen Form auszudrücken. Unter den Vertretern dieser neuen Literatur-
gattung, der *adab*, ragt al-Dschahiz (776/7–868/9) als Schriftsteller von
ungewöhnlichem Format und großer Lebendigkeit der Umsetzung hervor,
die er in eine beispielhafte Sprache kleidet. Er entstammte einer der afrikanischen Familien, die ursprünglich als Sklaven zu den arabischen Stämmen
gekommen, inzwischen jedoch völlig arabisiert worden waren. Er wuchs in
Basra auf und wurde später von dem Kalifen al-Ma'mun unterstützt und
gefördert. Seine intellektuelle Neugier richtete sich auf vieles, und seine

Werke sind Sammlungen ungewöhnlichen und interessanten Wissens über die menschliche und die natürliche Welt: Länder, Tiere, die Eigenarten der Menschen. Wie ein roter Faden zieht sich durch alles eine Art moralischer Kommentar zu Freundschaft und Liebe, Neid und Stolz, Habsucht, Falschheit und Aufrichtigkeit:

> Der Adelige heuchelt keinen Adel, wie auch ein Sprachgewandter keine Beredsamkeit vorgibt [...] Man braucht niemals etwas zu übertreiben, wenn man in sich nicht Unzulänglichkeit verspürt, und der Anmaßende nimmt sich nur etwas heraus, weil er die Schwäche seiner Kraft in sich fühlt. Hochmut ist bei allen Menschen abstoßend [...] (Er) ist schlimmer als Grausamkeit, die ihrerseits schon die schlimmste Sünde ist, und Demut ist besser als Erbarmen, das seinerseits schon die beste der frommen Handlungen ist.[4]

Die *adab*-Literatur, die sich in der Frühzeit der Abbasiden entwickelte, sollte erbauen und unterhalten. Ein *qadi* aus Bagdad, at-Tanuchi (940–94), schrieb drei Bände Geschichten, die sowohl literarische Unterhaltung als auch eine Folge sozialer Dokumente über die Welt von Ministern, Richtern und geringeren Würdenträgern am Abbasiden-Hof sind. Im folgenden Jahrhundert verfaßte Abu Haiyan at-Tauhidi (gest. 1023) Essays und Abhandlungen über eine Vielfalt von Themen, die unter den Gelehrten und Schriftstellern seiner Zeit in Mode waren. Sie sind in einem ansprechenden literarischen Stil geschrieben und verraten ein breites Wissen und einen eminent klugen Kopf. Unterhaltung war der Hauptzweck der *maqamat*, einer Folge von Erzählungen in gereimter Prosa (*sadsch*), in denen ein Erzähler Geschichten über einen Schwindler oder einen Landstreicher in allen möglichen Situationen berichtet. Diese Gattung wurde von al-Hamadhani (968–1110) und al-Hariri (1054–1122) zum Höhepunkt ihrer Entwicklung geführt und blieb in arabischen literarischen Kreisen bis ins zwanzigste Jahrhundert populär.

Die Überlieferung der Vergangenheit ist in allen Gesellschaften wichtig. Aber sie ist von besonderer Bedeutung in Gemeinschaften, die auf dem Glauben gründen, daß sich einmalige Geschehnisse zu bestimmten Zeiten und an bestimmten Orten ereigneten. Vor dem Aufkommen des Islam hatten die arabischen Stämme eigene mündliche Überlieferungen der Taten ihrer Vorfahren, und in einem gewissen Maß sind sie in den Gedichten enthalten, die wir aus dieser Zeit kennen. In den frühislamischen Jahrhunderten erlangte die Geschichte eine neue Bedeutung und wurde schriftlich festgehalten. Es entwickelten sich zwei eng miteinander verwandte Arten der Geschichtsschreibung. Auf der einen Seite zeichneten Philologen und Genealogen die mündlich überlieferte Geschichte der arabischen Stämme auf; dies war nicht nur wichtig für das Studium der arabischen Sprache, sondern lieferte unter Umständen auch wertvolles Beweismaterial zu praktischen Fragen in Hinblick auf die Verteilung der Beute bei Eroberungen oder Landverteilung in den neuen Siedlungsgebieten. Andererseits war es noch wichtiger, die Ereignisse im Leben des Propheten und der ersten Kalifen, die ersten Eroberungen und die öffentlichen Angelegenheiten der muslimischen Gemeinde festzuhalten. Solche Informationen wurden von Gelehrten weitergegeben, im Verlaufe politischer und theologischer Kontroversen verändert oder gar neu erfunden und von Geschichtenerzählern ausgeschmückt. So entstand allmählich eine Unzahl von darstellenden Geschichten, und daraus entwickelten sich mehrere Literaturgattungen: Sammlungen von Hadithen; Biographien des Propheten, Sammlungen der Lebensbeschreibungen der Überlieferer von Hadithen und schließlich erzählende Historiographien, welche die *gesta Dei* überlieferten, die göttliche Vorsehung in Hinblick auf seine Gemeinde – diese enthielten oft ein Element exemplarischer Erzählung, aber auch einen festen Kern Wahrheit. Die Einführung des islamischen Kalenders, der ab der *hidschra* eine chronologische Ordnung schuf, lieferte den Rahmen, in dem die Ereignisse festgehalten werden konnten.

Die Tradition der Geschichtsschreibung erreichte ihre volle Reife im neunten Jahrhundert mit dem Erscheinen von historiographischen Werken mit einem weiteren Gesichtskreis und größerem Verständnis der Materie: die Werke von al-Baladhuri (gest. 892), at-Tabari (839–923) und al-Mas'udi (gest. 928). Thema dieser Schriftsteller war die gesamte Geschichte des Islam und manchmal die Gesamtheit dessen, was sie als bedeutsam für die Menschheitsgeschichte hielten. So beschäftigt sich Mas'udi mit den Annalen der sieben alten Völker, die seiner Ansicht nach eine wirkliche Geschichte besaßen: die Perser, Chaldäer, Griechen, Ägypter, Türken, Inder und Chinesen. Die Masse der Informationen mußte geordnet werden: im Falle der islamischen Geschichte nach Jahren, in anderen Fällen nach solchen Kriterien wie der Regentschaft von Königen. Die Informationen mußten auch beurteilt werden. Das offensichtlichste Kriterium lieferte der *isnad*: welche Überliefererkette gab es für ein bestimmtes Ereignis und wie weit konnte man ihren Aussagen trauen? Es gab jedoch auch andere Kriterien: ein überlieferter Bericht konnte entsprechend einem allgemeinen Verständnis des Verhaltens von Herrschern und der Veränderungen menschlicher Gesellschaften als glaubwürdig oder unglaubwürdig beurteilt werden.

Ein anderer Schriftsteller, al-Biruni (973–*ca.* 1050), ist einzigartig in der Breite seines Interessenspektrums und seines Verständnisses. Sein berühmtes *Kitab tarich al-Hind* (Geschichte Indiens) stellt vielleicht den größten durchgehaltenen Versuch eines muslimischen Schriftstellers dar, die Grenzen der islamischen Welt zu überschreiten und sich das anzueignen, was in einer anderen kulturellen Tradition von Wert war. Wie er im Vorwort selbst klarstellt, ist sein Werk keine Polemik.

> Dies ist kein Buch der Kontroverse und des Disputs, das die Argumente eines Gegners zur Debatte stellt und das Falsche daran vom Richtigen unterscheidet. Es ist ein ehrlicher Bericht, der die Aussagen von Hindus wiedergibt und ihnen hinzufügt, was die Griechen zu ähnlichen Themen gesagt haben, um einen Vergleich zwischen ihnen anzustellen.[5]

Indisches religiöses und philosophisches Denken in seiner besten Form wird darin vorgelegt:

> Da wir beschreiben, was es in Indien gibt, erwähnen wir ihren Aberglauben. Aber wir sollten darauf hinweisen, daß dies nur eine Sache des gemeinen Volkes ist. Jene, die dem Weg der Rettung folgen oder dem Pfad von Vernunft und Schlußfolgerung und die Wahrheit kennen wollen, würden es vermeiden, einen anderen als Gott allein anzubeten oder gar ein Götzenbild.[6]

Letzten Endes, so erklärt al-Biruni, ähneln die Glaubensvorstellungen der Hindus denen der Griechen. Auch bei den Griechen verehrte die Allgemeinheit in den Tagen religiöser Unwissenheit und vor dem Aufkommen des Christentums Götterbilder, während die Anschauungen der Gebildeten mit denen der Hindus vergleichbar waren. In einer Hinsicht unterschied sich jedoch selbst die Hinduelite von den Muslimen:

> Die Inder unserer Zeit machen eine Reihe von Unterschieden zwischen den Menschen. Wir sind in dieser Hinsicht von ihnen verschieden, denn für uns sind alle Menschen gleich, ausgenommen in ihrer Frömmigkeit. Das ist die größte Barriere zwischen ihnen und dem Islam.[7]

Die islamische Welt

Bis zum dritten und vierten islamischen Jahrhundert (neuntes oder zehntes Jahrhundert n. C.) hatte sich eine erkennbar »islamische Welt« herausgebildet. Ein Weltreisender hätte anhand dessen, was er sah und hörte, erkennen können, ob ein Land unter muslimischer Herrschaft stand oder nicht. Diese äußeren Formen waren durch eine Völkerwanderung weitergetragen worden – von Dynastien und ihren Armeen, von Händlern, die durch die Länder am Rande des Indischen Ozeans und des Mittelmeers zogen, und von Handwerkern, die durch ihre Auftraggeber – die Herrscher oder die Reichen – von einer Stadt in die andere gelockt wurden. Diese äußeren Formen wurden auch durch importierte oder exportierte Gegenstände verbreitet, die einem bestimmten Stil entsprachen – durch Bücher, Metallarbeiten, Keramik und vielleicht besonders durch Textilien, die wichtigsten Waren des Fernhandels.

Vor allem die großen Gebäude waren äußere Symbole dieser »Welt des Islam«. In späteren Zeiten bildete sich eine regionale Moscheenarchitektur heraus, aber in den frühen Jahrhunderten gab es von Cordoba bis in den Irak und darüber hinaus bestimmte gemeinsame Merkmale. Neben den großen Moscheen gab es kleinere für Basare, Stadtviertel oder Dörfer. Dort betete man zwar gemeinsam, aber es wurde keine Freitagspredigt gehalten. Solche Moscheen wurden meist aus örtlichen Baumaterialien errichtet, und in ihnen spiegelten sich regionaler Geschmack und regionale Traditionen.

Die Moschee war inzwischen in vielen Fällen ein Zentralbau, um den sich eine Reihe anderer religiöser Gebäude gruppierte: das Haus, in dem der *qadi* Recht sprach, Herbergen für Reisende oder Pilger und Hospitäler für die Kranken. Diese Bauten zu finanzieren und zu unterhalten, war ein vom Koran vorgeschriebenes wohltätiges Werk. Eine andere Art Gebäude – die Heiligtümer – spielte eine besondere Rolle für den Zusammenhalt der muslimischen Gemeinschaft über die Grenzen einer Stadt oder Region hinaus. Bestimmte Schreine waren Pilger- und Gebetsstätten, die von früheren religiösen Traditionen übernommen worden waren und eine islamische Bedeutung erhalten hatten: die Kaba in Mekka, der Felsendom in Jerusalem oder das Grab Abrahams in Hebron. Neben ihnen entstanden neue Anziehungspunkte: die Gräber jener, die mit der Frühgeschichte des Islam verbunden waren. Muslime sahen in Muhammad zwar einen Menschen wie alle anderen, doch mit der Zeit entstand die Glaubensvorstellung, er werde beim Jüngsten Gericht für sein Volk sprechen, und viele Muslime besuchten nun während der Wallfahrt nach Mekka auch sein Grab in Medina. Die Grabstätten der schiitischen Imame, besonders jener, die für ihren Glauben gestorben waren, wurden schon sehr früh zum Ziel von Pilgern. Das Grabmal des Kalifen Ali in Nadschaf weist Elemente auf, die in das neunte Jahrhundert zurückreichen. Im Laufe der Zeit vermehrten sich überall in der islamischen Welt die Gräber derer, die als »Freunde Gottes« galten und Fürsprache bei ihm einlegen konnten. Zweifellos entstanden manche an Orten, die früheren Religionen oder in der jeweiligen Region seit urdenklichen Zeiten heilig gewesen waren.

Eine zweite Art Bauwerk war Ausdruck der Macht eines Herrschers. Darunter befanden sich große Anlagen von allgemeinem Nutzen: Karawansereien entlang der Handelsstraßen und Aquädukte oder andere Wasserversorgungsanlagen. In den trockenen Ländern des Mittleren Ostens und des Maghreb war es ein Akt kluger Politik, die Bevölkerung der Städte mit Wasser zu versorgen; infolgedessen breitete sich die Bewässerung des Agrarlandes mit der Expansion der Araber am Mittelmeer aus. Es waren jedoch die Paläste, die am eindrucksvollsten imperiale Größe demonstrierten: Lusthäuser, umgeben von Gärten und plätschernden Brunnen, Symbole für ein abgeschiedenes Paradies, und offizielle Paläste, die das Zentrum von Herrschaft und Rechtsprechung sowie des fürstlichen Lebens waren. Aus den Schilderungen von Schriftstellern und den Ruinen in Samarra weiß man etwas über die Paläste der Abbasiden. Man erreichte sie über offene Plätze, die Paraden oder Reiterspielen dienten; hinter hohen Mauern führten Pfade durch Gärten zu einer Reihe von Innentoren, bis man im Mittelpunkt vor der Residenz und den Staatsgemächern des Kalifen stand und die von einer Kuppel gekrönte Halle, in der er hofhielt, erblickte. Diese Gebäude, die Macht, Pracht, Genuß und Absonderung von der Außenwelt symbolisierten, wurden überall in der muslimischen Welt imitiert. Es entstand auf diese Weise ein Stil, der viele Jahrhunderte überdauerte.

In gewisser Hinsicht gab es an den Palästen nichts spezifisch »Islamisches«. Auch in diesem Fall vereinigte die Eingliederung großer Teile der Welt in ein einziges Reich Elemente unterschiedlichen Ursprungs zu einem neuen Ganzen. Die Herrscher standen über die Grenzen der islamischen Welt hinaus miteinander in Verbindung. Man tauschte Geschenke aus, Gesandtschaften kehrten mit wunderbaren Geschichten in die Heimat zurück; die Mächtigen erfaßte immer schnell der Wunsch nach etwas Neuem. Die Ausschmückung der Paläste zeigte die traditionellen Attribute fürstlichen Lebens überall auf der Welt: der Kampf und die Jagd, der Wein und der Tanz.

Dies waren die Themen der Wandgemälde, auf denen die Darstellungen von Tieren und Menschen vorherrschten. In Gebäuden, die religiösen Zwecken dienten, vermied man solche figürlichen Darstellungen. Obwohl der Koran die Abbildung von Lebewesen nicht ausdrücklich verbot, sahen die meisten Rechtsgelehrten, gestützt auf den *hadith*, darin einen Verstoß gegen die alleinige Macht Gottes, Leben zu schaffen. In der Umaiyadenmoschee in Damaskus zeigen die in der Frühzeit entstandenen Mosaiken Natur und Häuser in einem recht realistischen Stil, der an römische Wandgemälde erinnert; Darstellungen von Menschen und Tieren fehlen allerdings. Die Wände der Moscheen und anderer öffentlicher Gebäude blieben jedoch keineswegs leer. Sie wurden mit Schmuckwerk überzogen: Blumen und Pflanzen, häufig weitgehend stilisiert, sowie Ornamente aus Linien und Kreisen, die auf komplizierte Weise miteinander verbunden und endlos wiederholt sind, und vor allen Dingen Kalligraphie. Die Schreibkunst mag weitgehend ein Werk von Beamten in den Kanzleien der Herrscher gewesen sein, aber sie hatte eine besondere Bedeutung für Muslime, nach deren Glauben sich Gott den vielen durch sein Wort in arabischer Sprache mitgeteilt hatte. Die Schriftform dieser Sprache wurde von Kalligraphen so hoch entwickelt, daß sie sich als Wandschmuck anbot. Worte in endlosen Formvarianten, als Wiederholungen oder als Sätze, wurden mit pflanzlichen oder geometrischen Formen verschmolzen. So wurde die Kalligraphie zu einer der wichtigsten islamischen Künste; die arabische Schrift schmückte nicht nur Gebäude, sondern auch Münzen, Messing- oder Tonwaren und Stoffe, besonders wenn sie in den königlichen Webereien hergestellt wurden und als Geschenke dienten. Man benutzte die Schrift, um den Ruhm und die Ewigkeit Gottes zu verkünden – wie in den Inschriften um die Kuppel des Felsendoms – oder die Großzügigkeit und Erhabenheit eines Wohltäters oder das Können eines Architekten.

Die in dieser Zeit von der städtischen muslimischen Bevölkerung gebauten Häuser sind verschwunden. Aber es sind genug von den darin verwendeten Dingen erhalten, um zu zeigen, daß manche Kunstwerke enthielten, die denen in den Palästen vergleichbar waren. Bücher wurden für Kaufleute und Gelehrte kopiert und illustriert; Glas-, Metall- und Keramikarbeiten wurden für sie gefertigt. Textilien waren von besonderer Bedeutung – auf den Fußböden lagen Teppiche, niedrige Sitzgestelle waren mit Stoff bezogen, und an den Wänden hingen Teppiche oder Behänge. Alle diese Dinge weisen im großen und ganzen die gleiche Art Schmuck auf wie die religiösen Gebäude, nämlich stilisierte Pflanzen und Blumen, geometrische Muster und arabische Worte. Es fehlen spezifisch fürstliche Themen, doch die menschliche Gestalt kommt durchaus vor; in Ägypten entstandene Keramiken zeigen Menschen, und in den Handschriften illustrieren Tiere und Menschen Fabeln oder stellen Alltagsszenen dar.

So lebten die Männer und Frauen im Nahen Osten und im Maghreb spätestens im zehnten Jahrhundert in einem Universum, das in den Begriffen des Islam definiert war. Die Welt wurde eingeteilt in das Haus des Islam und das Haus des Krieges; Orte, die den Muslimen heilig waren oder mit ihrer Frühgeschichte in Zusammenhang standen, gaben dem Haus des

Islam ihren unverkennbaren Charakter. Das Zeitmaß bildeten die fünf täglichen Gebete, die wöchentliche Predigt in der Moschee, die jährliche Fastenzeit im Monat Ramadan, die Wallfahrt nach Mekka und der islamische Kalender.

Der Islam gab den Menschen auch eine Identität, durch die sie sich gegen andere definieren konnten. Wie alle Menschen lebten die Muslime auf verschiedenen Ebenen. Sie dachten nicht ununterbrochen an das Jüngste Gericht und den Himmel. Außerhalb ihrer individuellen Existenz definierten sie sich bei den meisten Alltagsangelegenheiten im Sinne der Familie oder der weiteren Verwandtschaftsgruppe, der Hirtengruppe oder dem Stamm, dem Dorf oder dem ländlichen Distrikt, dem Viertel oder der Stadt. Daneben waren sie sich jedoch bewußt, daß sie einer größeren Einheit angehörten: der Gemeinschaft der Gläubigen (der *umma*). Die gemeinsamen rituellen Handlungen und die Auffassung von der Bestimmung des Menschen in dieser und in der nächsten Welt verbanden sie miteinander und trennten sie von den Menschen anderen Glaubens, ganz gleich, ob sie mit ihnen im Haus des Islam lebten oder außerhalb seiner Grenzen. Die Identifikation der Araber mit dem Islam war im elften Jahrhundert noch so stark, daß al-Biruni, selbst iranischer Herkunft, sagen konnte:

> Unsere Religion und unser Reich sind arabisch und sind Zwillinge, das eine wird beschützt von der Macht Gottes, das andere vom Herrn des Himmels. Wie oft haben sich die Stämme der Untertanen nicht versammelt, um dem Staat einen nichtarabischen Charakter zu geben! Aber sie hatten mit dieser Absicht keinen Erfolg.[8]

Das Konzept des modernen ethnischen Nationalismus, nach dem alle, die eine gemeinsame Sprache haben, in einer geschlossenen politischen Einheit leben sollten, existierte damals natürlich nicht, ebensowenig wie das einer Territorialnation, die in einem Gebiet lebt, das durch natürliche Schranken deutlich gegen andere abgegrenzt ist. Es gab jedoch ein gewisses Bewußtsein von den besonderen Eigenschaften einer Stadt und ihres Hinterlandes, das sich in islamischen Begriffen ausdrücken konnte. Eine Untersuchung Ägyptens hat gezeigt, daß sich das Bewußtsein von Ägyptens Besonderheit hielt – seine natürlichen Vorzüge und seine natürliche Fruchtbarkeit, sein Platz in der islamischen Geschichte, seine Helden, Märtyrer und Heiligen. Dahinter lebte die Erinnerung an eine Vergangenheit vor dem Islam, an die Wunderwerke aus alter Zeit, die Pyramiden und die Sphinx, die alten Schreine, Rituale und ländlichen Glaubensvorstellungen, bei denen Männer und Frauen immer noch Schutz suchen konnten.[9]

Kapitel 4

Die Ausformung des Islam

Die Autoritätsfrage

Die Verbreitung der arabischen Sprache bei anderen Völkern veränderte das Wesen dessen, was in dieser Sprache geschrieben wurde. Die Veränderung zeigte sich nicht nur in den säkularen Werken, sondern noch auffälliger in einer neuen Art Literatur, in der die Bedeutung und die Implikationen der von Muhammad erhaltenen Offenbarungen formuliert wurden. Wer zum Islam konvertierte, sah sich Fragen zu seinem neuen Glauben gegenüber, denen er nicht ausweichen konnte. Diese Fragen entsprangen nicht nur intellektueller Neugier, sondern auch der Kritik, die Christen, Juden und Zoroastrier am Islam übten. Vielleicht aber stand hinter ihnen noch eher das Bedürfnis, die Implikationen des Glaubens für das Leben in der Gesellschaft herauszuarbeiten. Natürlich versuchte man, diese Fragen im Licht des bekannten Wissens und der eigenen Denkmethoden zu beantworten, die die Menschen mit in die neue Gemeinschaft einbrachten oder bei den Nichtbekehrten vorfanden, denn in den ersten Jahrhunderten standen sich Judaismus, Christentum und Islam offener gegenüber als später. Ebenfalls natürlich war, daß dieser Prozeß dort die meisten Früchte trug, wo man dem Denken traditionell den höchsten Wert beimaß und der Fundus an Wissen am größten war. Die Veränderung der Maßstäbe und die Verlagerung des Schwerpunkts in der gesamten islamischen Politik fanden ihre Parallelen im Denken. Medina und Mekka verloren ihre Bedeutung nicht, aber noch wichtiger wurde Syrien und am wichtigsten der Irak mit seinem fruchtbaren kulturellen Nährboden – dem Judaismus, nestorianischen Christentum und den Religionen des Iran.

Die Ausformung des Islam in ein System religiöser Wissenschaft und Praxis fand weitgehend während der Abbasidenzeit im Irak statt. In gewisser Hinsicht war sie eine Weiterführung von Gedankenströmungen, deren Anfänge weit in vorislamische Zeit zurückreichten, obwohl damit nicht behauptet werden soll, daß der Islam ihnen keine neue Richtung verliehen habe.

Gelehrten und Denkern standen für ihre Arbeit Materialien unterschiedlicher Art zur Verfügung. Da gab es an erster Stelle den Koran. Wann immer er seine endgültige Form auch erhalten haben mochte, es gab keinen Anlaß, daran zu zweifeln, daß er in seiner Substanz seit der Zeit des Propheten vorlag, und das bedeutete im wesentlichen: Gott ist der Allmächtige; durch die Propheten ist Er mit der Menschheit in Verbindung getreten; Er fordert den Glauben, die Dankbarkeit, die Gebete und wohltätige Werke von den Menschen; am jüngsten Tag findet das Gericht statt, bei dem Seine Barmherzigkeit und Seine Gerechtigkeit sichtbar werden.

Darüber hinaus gab es eine lebendige Tradition, die zeigte, wie die Gemeinschaft der Gläubigen sich seit der Zeit des Propheten verhalten hatte; sie wurde weitergegeben und von späteren Generationen ausgearbeitet; ihr Kern war eine Art kollektive Erinnerung an das Wesen des Propheten. Daneben lebte die Erinnerung an das öffentliche Handeln der Glaubensgemeinschaft und der Kalifen, ihrer Oberhäupter, an ihre Politik und ihre Konflikte; besonders lebendig blieben für die Menschen die Kämpfe und Kontroversen unter der Herrschaft von Uthman, die Widerstandsbewegungen, die sie beendeten, und Alis Anspruch auf das Kalifat und die ersten Spaltungen unter den Anhängern Muhammads.

Nicht nur die Tradition literarischer Konvertiten, sondern das innerste Wesen des Islam selbst – die Offenbarung von Worten und daher auch von Gedanken und Wissen – machte es notwendig, daß jene, die dem Willen Gottes folgen wollten, nach Wissen forschten und über das Wesen dieser Religion nachdachten. Die Suche nach religiösem Wissen, *'ilm*, setzte bereits früh in der islamischen Geschichte ein. Allmählich entstand eine Körperschaft gut unterrichteter und interessierter muslimischer Gelehrter (*alim*, Plur. *ulama*).

Bei der Ausformung des Islam folgte man vielen Denk- und Studienrichtungen, die jedoch zweifellos alle miteinander verbunden sind. An erster Stelle stand das Autoritätsproblem; seine Lösung war von größter Dringlichkeit. Die Lehre Muhammads hatte eine Glaubensgemeinschaft entstehen lassen, die sich verpflichtete, nach den vom Koran vorgegebenen oder implizierten Normen zu leben. Aber wer sollte in dieser Gemeinschaft Autorität haben, und um welche Art Autorität sollte es sich handeln? Diese Frage ging einher mit den Spaltungen und Konflikten der ersten fünfzig Jahre, und sie fand ihre Antwort im Licht der Reflexion über diese Probleme. Sollte die Nachfolge Muhammads, das Kalifat oder das Imamat oder wie auch immer es genannt wurde, allen Muslimen offenstehen oder nur den Gefährten des Propheten oder nur seiner Familie? Wie sollte der Kalif gewählt werden? Wo lagen die Grenzen seines legitimen Handelns? Sollte man ihm den Gehorsam verweigern oder ihn absetzen, wenn er unrechtmäßig handelte? Im Laufe der Zeit kristallisierten sich unterschiedliche Einstellungen zu solchen Fragen heraus. Die Gruppe der Gläubigen, die ab einem gewissen Punkt als Sunniten bekannt wurde, vertrat die Ansicht, es sei für alle Muslime wichtig, in Frieden und Eintracht zusammenzuleben. Daraus folgte, daß sie das in der Vergangenheit Geschehene akzeptierten. Sie erkannten deshalb die vier ersten Kalifen als legitim und als tugendhaft oder rechtgeleitet (*raschidun*) an; spätere Kalifen mochten nicht immer gerecht gehandelt haben, erklärten die Sunniten, aber man sollte auch sie als legitim anerkennen, solange sie nicht gegen die fundamentalen Gebote Gottes verstoßen hatten. Es gibt historische Hinweise darauf, daß die Umaiyadenkalifen den Anspruch erhoben, nicht nur Nachfolger des Propheten als Oberhaupt der Gemeinde zu sein, sondern Vizekönige Gottes auf Erden und die entscheidenden Interpreten des göttlichen Gesetzes.[1] Die Sunna in ihrer entwickelten Form sah in den Kalifen jedoch weder Propheten noch unfehlbare Interpreten des Glaubens, sondern Führer, deren Aufgabe es war, den Frieden und die Gerechtigkeit in der Gemeinschaft zu erhalten. Dazu mußte ein Kalif entsprechende Tugenden und Kenntnisse der religiösen Gesetze besitzen. Überdies wurde allgemein akzeptiert, daß der Kalif aus dem Stamm des Propheten, den Quraisch, kommen sollte.

Alle Strömungen, welche die Autorität der Kalifen in Frage stellten, entwickelten allmählich eigene Theorien einer legitimen Autorität. Nach Ansicht der Ibaditen mußte es nicht jederzeit einen *imam* geben, aber jeder Muslim konnte unabhängig von seiner Familie oder Herkunft *imam* werden. Er sollte von der Gemeinde gewählt werden; er sollte in Übereinstimmung mit dem vom Koran und *hadith* vorgegebenen Recht handeln; wenn er dagegen verstieß, sollte er abgesetzt werden. Die schiitischen Strömungen erkannten die Ansprüche der ersten drei Kalifen nicht an. Für sie war Ali ibn Abi Talib der einzige rechtmäßig ernannte Nachfolger des Propheten als *imam*. Sie waren indessen über die Legitimität der Nachfolger Alis und die Autorität der Imame zerstritten. Die Zaiditen standen in ihren Ansichten den Sunniten am nächsten. Sie vertraten den Standpunkt, jeder Nachkomme Alis und Fatimas könne *imam* werden, vorausgesetzt, er sei fromm, besitze die notwendigen Kenntnisse und habe unter Beweis gestellt, daß er stark genug war, um gegen das Unrecht vorzugehen. Und deshalb, so erklärten sie, könne sich die Linie der

Imame immer wieder erneuern. Die Zaiditen sprachen dem *imam* jede Unfehlbarkeit oder mehr als menschliche Autorität ab.

Die beiden anderen bedeutenden schiitischen Strömungen gingen jedoch noch weiter. Beide stimmten darin überein, daß der jeweilige *imam* seinen Amtsnachfolger bestimmte und daß der so ernannte *imam* der einzige und unfehlbare Interpret der vom Propheten empfangenen göttlichen Offenbarung war. Die Richtung, die später die meisten Anhänger gewinnen sollte, behauptete, die Nachfolge sei unter den Nachfahren Alis weitergegeben worden, bis der zwölfte *imam* im neunten Jahrhundert verschwunden war (daher der weitverbreitete Name »Zwölfer« oder *Ithna 'aschariya*). Da die Welt ohne einen *imam* nicht bestehen konnte, glaubte man, der zwölfte sei nicht gestorben, sondern lebe im verborgenen (*ghaiba*); anfangs hielt er durch Vermittler die Verbindung zu den muslimischen Gläubigen, danach war er den Blicken der Lebenden entzogen, die seine Wiederkunft erwarteten, mit der die Herrschaft des Rechts begründet würde. Die Isma'iliten stimmten ihnen darin zu, daß der *imam* der unfehlbare Interpret der Wahrheit sei, aber die Linie der sichtbaren Imame sei mit dem siebten, Muhammad ibn Isma'il, zu Ende gegangen. (Manche Anhänger dieser Richtung änderten jedoch ihre Überzeugung, als die Fatimidenkalifen das Imamat für sich beanspruchten.)

Diese unterschiedlichen Auffassungen vom Kalifat oder Imamat hatten unterschiedliche Implikationen für das Wesen der Regierung und ihre Rolle in der Gesellschaft. Die Ibaditen und die Zaiditen waren Sekten, die sich von der universalen islamischen Gesellschaft gelöst hatten, weil sie die Herrschaft ungerechter Regierungen ablehnten. Sie wollten nach ihrer Interpretation des religiösen Gesetzes leben und waren nicht bereit, einem *imam* oder einem Herrscher die Macht zu übertragen, die ihn zum unrechten Handeln verleiten mochte. Andererseits wünschten Sunniten, die »Zwölfer-Schiiten« und die Isma'iliten auf ihre unterschiedliche Weise eine Autorität, die das Gesetz verteidigen und die Ordnung der Gesellschaft aufrechterhalten konnte. So kam es nach dem Ende des ersten Jahrhunderts zu einer *de facto*-Trennung zwischen denen, die am Gesetz festhielten (für die Sunniten die *ulama* und für die Schiiten der verborgene *imam*), und den Männern des Schwertes, die die Macht besaßen, eine weltliche Ordnung durchzusetzen.

Die Macht und die Gerechtigkeit Gottes

In der Frage der menschlichen Autorität spiegelten sich in gewisser Hinsicht fundamentalere Fragen, die sich aus dem Koran ergaben: Fragen über das Wesen Gottes und Seiner Haltung gegenüber der Menschheit, über Seine Einheit und Seine Gerechtigkeit.

Der Gott des Koran ist transzendent, und es gibt nur einen Gott, aber der Koran legt ihm Attribute bei: Er besitzt einen Willen und Wissen, Er kann hören, sehen und sprechen, und in gewisser Hinsicht ist der Koran Sein Wort. Wie lassen sich solche Eigenschaften mit der Einheit Gottes vereinbaren? Wie, im besonderen, lassen sich solche auch dem Menschen eigene Attribute in Begriffen beschreiben, die die unendliche Distanz zwischen Gott und Menschen wahren? In welcher Beziehung steht der Koran zu Gott? Kann man ihn als Sprache Gottes bezeichnen, ohne zu implizieren, daß Gott eine seinen Geschöpfen vergleichbare Eigenschaft des Sprechens hat? Mit dieser Art von Problemen muß sich jede Religion auseinandersetzen, die an einen höchsten Gott glaubt, der sich in der einen oder anderen Form den Menschen offenbart. Für Christen ist die Offenbarung an eine Person gebunden; infolgedessen kreiste die prinzipielle theologische Frage der Christen in den ersten Jahrhunderten um die Beziehung dieser Person zu Gott; für Muslime ist die Offenbarung ein Buch, und deshalb ist der Status dieses Buches von fundamentaler Bedeutung.

Die Frage nach dem Wesen Gottes führte zu der Frage seines Verhaltens gegenüber den Menschen. Bei jedem Menschen, der den Koran gelesen oder gehört hatte, blieben mit Sicherheit zwei Eindrücke lebendig: Gott ist allmächtig und allwissend. Aber der Mensch ist verantwortlich für sein Handeln, und Gott wird ihn dafür richten. Wie ließen sich aber diese beiden Aussagen miteinander vereinbaren? Auch das ist ein inhärentes Problem jedes monotheistischen Glaubens: Wenn Gott allmächtig ist, wie kann Er dann das Böse auf der Welt zulassen, und wie kann Er die Menschen für ihre Missetaten verurteilen? Einfacher formuliert: Ist der Mensch frei in seinen Handlungen, oder sind sie alle von Gott bestimmt? Hat der Mensch diese Handlungsfreiheit nicht, wie kann Gott ihn für seine Taten richten? Ist der Mensch aber frei und kann deshalb von Gott gerichtet werden, orientiert sich dann das Urteil an einem für den Menschen erkennbaren Rechtsprinzip? Wenn ja, gibt es dann nicht ein Rechtsprinzip, dem auch Gott in Seinem Handeln unterworfen ist, und kann Gott dann noch allmächtig genannt werden? Wie werden Muslime gerichtet werden? Nur nach ihrem Glauben oder nach dem Glauben und dem Ausdruck ihres Glaubens oder auch nach guten Werken?

Der Koran warf implizit solche Fragen auf, und sie stellten sich jedem, der ihn ernst nahm. Aber beim systematischen Nachdenken darüber ging es nicht nur um den Text, sondern auch um eine Methodik, mit der man sich dem Text näherte. Dahinter stand die Überzeugung, daß sich Wissen erlangen ließ, wenn die menschliche Vernunft bestimmten Regeln folgte. Der Glaube an die richtig geleitete Vernunft hatte das intellektuelle Leben in den Regionen geformt, in die der Islam vordrang, und auch im Hedschaz selbst. Im Koran finden sich durchaus Spuren dialektischer Argumentation, deshalb überrascht es nicht, daß die ersten erhaltenen und etwa gegen Ende des ersten islamischen oder siebten christlichen Jahrhunderts entstandenen Dokumente zeigen, daß der Koran im Hedschaz, in Syrien und in Iran unter Anwendung dialektischen Denkens ausgelegt wurde. Es bildeten sich die ersten Gruppen, die man als Denkschulen bezeichnen kann. Die einen argumentierten, der Mensch habe einen freien Willen und bestimme seine Handlungen selbst; die anderen erklärten, der Mensch habe keinen freien Willen und Gott habe keine Attribute, die er mit den Menschen teile und anhand derer man ihn beschreiben könne.

Um die Mitte des zweiten islamischen Jahrhunderts (des achten christlichen Jahrhunderts) entstand eine Schule im umfassenderen Sinn; eine Schule von Denkern mit einer klaren und übereinstimmenden Haltung zu einer ganzen Reihe von Problemen. Natürlich beinhaltet der Begriff Schule nicht, daß ihre Anhänger alle genau die gleichen Gedanken vertraten oder daß sich diese Gedanken nicht von einer Generation zur nächsten entwickelt haben. Es handelte sich um die Mu'tazila (oder »die sich absondern«). Nach ihrer Überzeugung ließ sich die Wahrheit finden, wenn man den Inhalt des Korans unter dem Aspekt der Vernunft betrachtete; und auf diese Weise formulierten sie Antworten auf längst gestellte Fragen und erklärten: Gott ist der Alleinige. Er hat keine Attribute, die Seinem Wesen etwas hinzufügen. Vor allen Dingen hat Er keine menschlichen Attribute; der Koran kann nicht das von Ihm gesprochene Wort sein, er muß auf andere Weise geschaffen worden sein. Gott ist gerecht und deshalb an ein Rechtsprinzip gebunden. Der Mensch muß daher frei sein, denn es wäre nicht gerecht, den Menschen für Handlungen zu richten, die er nicht aus freiem Willen begehen kann. Wenn die Menschen frei und dem Gericht unterworfen sind, folgt daraus, daß der Glaube ohne gute Werke nicht genügt. Ein Muslim, der sich schwerer Vergehen schuldig gemacht hat, kann weder als Ungläubiger noch als wahrer Gläubiger gelten; er steht zwischen beiden.

Zur gleichen Zeit bildete sich jedoch eine andere Betrachtungsweise dieser Probleme heraus. Sie war vorsichtiger und skeptischer in Hinblick auf die Möglichkeit, mit Hilfe der Vernunft zu anerkannten Wahrheiten zu gelangen. Sie war sich auch deutlicher bewußt, daß es eine Gefahr für die Glaubensgemeinschaft darstellte, wenn rationales Argumentieren und Debattieren zu weit getrieben wurden. Die Anhänger dieser Richtung legten der Erhaltung der Einheit von Gottes Volk größere Bedeutung bei als der Übereinstimmung in dogmatischen Fragen. Sie hielten die Welt des Koran für die einzige sichere Grundlage für Glauben und Volksfrieden; Richtschnur für die Interpretation des Korans, soweit er interpretiert werden mußte, sollte die Praxis des Propheten und seiner Gefährten, die *sunna*, sein, und zwar so wie sie an spätere Generationen weitergegeben worden war. Diese Haltung ist bestimmt schon in frühislamischer Zeit vertreten worden, doch ihrem praktischen Wesen entsprechend wurde erst sehr viel später als bei den spekulativeren Schulen ein Lehrsystem daraus. Ahmad ibn Hanbal (780–855) war für die Formulierung dieser Haltung der bedeutendste Vertreter. Er wurde wegen dieser Auffassung zeitweise verfolgt.

Das einzige, so sagt ibn Hanbal, worauf der Gläubige sich stützen kann, sind der Koran und die *sunna* des Propheten; beide zeigen uns, daß Gott allmächtig ist und daß Seine Gerechtigkeit nicht die menschliche Gerechtigkeit ist. Wenn der Koran Gott Attribute beilegt, müssen sie als göttlich angesehen werden; sie sind menschlichen Attributen nicht analog, und man kann nicht hinterfragen, wie sie ihm innewohnen. Zu diesen Attributen gehört der Koran. Er ist Gottes Sprache, denn der Koran selbst sagt es, und er ist ungeschaffen, denn »nichts an Gott ist erschaffen, und der Koran ist Teil Gottes«. Der Mensch muß den Willen Gottes durch sein Tun und seinen Glauben erfüllen. Das Konzept eines Gottes, der auf unergründliche Weise richtet, mag grausam erscheinen, aber darin inbegriffen ist eine Art Zusicherung höchster göttlicher Fürsorge für die Welt, selbst wenn die Wege dieser Fürsorge nicht die Wege der Menschen sind und selbst wenn alles in der Vergangenheit Geschehene den Menschen nach Gottes Willen bestimmt war. Mit diesen grundlegenden Gedanken wurde die *sunna* zu einer ausgeformten Glaubensrichtung.

Die Kontroverse zwischen den Rationalisten und den Anhängern von Ibn Hanbal hielt lange an – allerdings unter sich wandelnden Vorzeichen. Spätere mu'tazilitische Denker waren stark von griechischem Gedankengut beeinflußt. In der wachsenden Sunnitengemeinde verloren sie allmählich an Bedeutung, aber in den schiitischen Denkrichtungen, die sich ab dem elften Jahrhundert herausbildeten, blieb ihr Einfluß ungebrochen. Ein Religionsgelehrter, der im wesentlichen die »traditionalistische« Haltung vertrat, verteidigte sie mit der Methode des rationalen Denkens (*kalam*): al-Asch'ari (gest. 935) trat für eine wörtliche Interpretation des Korans ein; er behauptete jedoch, das lasse sich, zumindest bis zu einem gewissen Punkt, durch die Vernunft rechtfertigen, und über diesen Punkt hinaus müsse der Koran einfach akzeptiert werden. Gott war der Alleinige. Seine Attribute waren Teil seines Wesens; sie waren nicht Gott, aber sie waren nicht verschieden von Gott. Zu ihnen gehörten Hören, Sehen, Sprechen, aber sie waren nicht wie das Hören, Sehen und Sprechen der Menschen; diese Eigenschaften mußten akzeptiert werden, »ohne zu fragen wie« (*bila kaif*). Gott ist die unmittelbare Ursache allen Geschehens im Universum, und Er ist durch nichts außerhalb Seiner selbst begrenzt. Im Augenblick des Handelns verleiht Er den Menschen die Macht zu handeln; Er will und Er schafft, was gut und was böse in der Welt ist. Die richtige Reaktion des Menschen auf das geoffenbarte Wort Gottes ist der Glauben; wenn der Mensch den Glauben besitzt, aber keine guten Werke tut, ist er trotzdem ein Gläubiger, und der Prophet wird am jüngsten Tag für ihn eintreten.

Im Denken Asch'aris liegt ein gewisser Nachdruck auf der Bedeutung des Nichtstreitens in der Religion und auf der Anerkennung der Herrschaft eines *imam* oder Kalifen, ohne sich mit dem Schwert dagegen aufzulehnen. Bestimmte Meinungsverschiedenheiten blieben jedoch bestehen. Sie kreisen um die Legitimität einer metaphorischen, im Gegensatz zur wörtlichen Exegese des Korans, um den genauen Sinn, in dem der Koran »unerschaffen« ist – gilt dies für den Text an sich oder nur für seine Übermittlung an die Menschen? – und um die Notwendigkeit guter Werke neben dem Glauben. Solche Auffassungsunterschiede führten in der Regel jedoch nicht zu Konflikten innerhalb der sunnitischen Gemeinde.

Die schari'a

Der Koran enthält nur implizit ein Lehrsystem, aber er sagt explizit den Menschen, was Gott von ihnen erwartet. Er ist vor allen Dingen eine Offenbarung des göttlichen Willens und stellt fest, was die Menschen tun müssen, um Gott zu gefallen, und wie sie am jüngsten Tag gerichtet werden. Er enthält einige ausdrückliche Gebote, zum Beispiel in Hinblick auf die Ehe und die Besitzverteilung nach dem Tod eines Muslims. Aber es gibt nur wenige solcher detaillierten Aussagen; in den meisten Fällen wird der Wille Gottes in Form allgemeiner Prinzipien zum Ausdruck gebracht. Gebote und Prinzipien befassen sich damit, wie die Menschen Gott verehren, aber auch, wie sie sich untereinander verhalten sollen. Bis zu einem gewissen Maß ist diese Unterscheidung allerdings künstlich, denn eine religiöse Handlung hat einen gesellschaftlichen Aspekt, und ein Akt der Gerechtigkeit und wohltätiges Handeln sind in gewisser Hinsicht auch auf Gott gerichtet.

Die gedankliche Beschäftigung mit dem Koran und die Praxis der frühislamischen Gemeinde führten bald zu einer allgemeinen Übereinstimmung in Hinblick auf bestimmte grundsätzliche Pflichten des Muslims; es sind dies die sogenannten »Säulen des Islam«. Dazu gehörten das öffentliche mündliche Bekenntnis: »Es gibt keinen Gott außer Gott, und Muhammad ist der Prophet Gottes«, und das rituelle Gebet, bei dem bestimmte Worte in einer bestimmten Häufigkeit und in festgelegter Körperhaltung wiederholt werden mußten; das sollte fünfmal am Tag geschehen. Andere »Säulen« waren die Spende eines gewissen Einkommensanteils für festgelegte wohltätige Zwecke oder für das Allgemeinwohl, das strenge Fasten von Sonnenaufgang bis Sonnenuntergang für einen ganzen Monat im Jahr, den Ramadan, der mit einem Fest endete, und der Haddsch, die Wallfahrt nach Mekka während einer genau festgelegten Zeit des Jahres. Zum Haddsch gehörte eine Reihe ritueller Handlungen, und er endete ebenfalls mit einem Fest, an dem die ganze Gemeinschaft der Gläubigen teilnahm. Zu diesen ausdrücklichen Geboten gehörte auch die grundsätzliche Aufforderung, nach dem Weg Gottes (*dschihad*) zu trachten; das konnte eine weitgefaßte oder auch die präzise Bedeutung haben, für die Ausdehnung der Grenzen des Islam zu kämpfen.

Von Anfang an war jedoch mehr erforderlich als Einigkeit über die grundlegenden Formen der Gottesverehrung. Auf der einen Seite standen jene Gläubigen, die den Koran ernst nahmen und überzeugt waren, er enthalte implizit Regeln für das ganze Leben, da alle menschlichen Handlungen in den Augen Gottes von Bedeutung seien und am Tag des Gerichts berücksichtigt würden. Andererseits gab es den Herrscher und seine Stellvertreter, die Entscheidungen zu einer Vielzahl von Problemen treffen mußten, die vom Koran nicht erfaßt wurden. Ihre eigene Überzeugung und die Begriffe, in denen sie ihre Herrschaft rechtfertigten, beanspruchten aber zumindest, daß ihre Entscheidungen wenigstens nicht im offenen Widerspruch zu dem standen, was der Koran nach allgemeiner Ansicht zum Ausdruck brachte oder implizit von den Gläubigen forderte.

In der Periode der ersten Kalifen und der Umaiyaden fanden daher zwei Entwicklungen statt. Der Herrscher, seine Statthalter und Bevollmächtigten, die *qadis*, sprachen Recht und entschieden Streitigkeiten. Dabei berücksichtigten sie die Gebräuche und Gesetze der verschiedenen Regionen. Gleichzeitig versuchten strenggläubige Muslime, alles menschliche Handeln dem Urteil ihrer Religion zu unterstellen und ein ideales System menschlichen Verhaltens zu erarbeiten. Dazu mußten sie nicht nur den Wortlaut des Korans in Betracht ziehen und ihn interpretieren, sondern auch die überlieferten Erinnerungen der Gemeinde. Sie mußten erforschen, wie der Prophet angeblich gehandelt hatte (sein gewohnheitsmäßiges Verhalten, seine Praxis oder *sunna*, die zunehmend in »Traditionen« oder Hadithen festgehalten wurde); sie mußten sich damit beschäftigen, wie die ersten Kalifen Entscheidungen getroffen hatten und was die geschichtlich angesammelte Weisheit der Glaubensgemeinde für das rechte Handeln hielt (die *sunna* der Gemeinde).

Die beiden Prozesse verliefen nicht völlig voneinander getrennt. Der Kalif, Statthalter oder *qadi*, modifizierte zweifellos existierenden Brauch im Lichte der sich entwickelnden Auslegung des Islam; und die Gelehrten übernahmen manches von den herrschenden Sitten der jeweiligen Gemeinschaft in ihr Idealsystem. In der Anfangszeit gab es jedoch wenig Berührungspunkte. Außerdem zeigten sich innerhalb der beiden Entwicklungen unterschiedliche Tendenzen. Wenn man bedenkt, wie das Reich entstand und verwaltet wurde, müssen Brauchtum und gesellschaftliche Ordnungen in den einzelnen Regionen sehr unterschiedlich gewesen sein. Die Gelehrten wiederum lebten auf viele Orte verstreut – in Mekka und Medina, Kufa, Basra und in den syrischen Städten –, und jeder dieser Orte hatte seine eigenen Denkschulen, in denen sich die Überlieferungen ebenso widerspiegelten wie die Bedürfnisse und Gewohnheiten der Region, in der sie sich zu einem örtlichen Konsens (*idschma*) geformt hatten.

Mit dem Aufkommen der Abbasiden um die Mitte des zweiten islamischen Jahrhunderts (des achten christlichen Jahrhunderts) veränderte sich jedoch die Lage. Die Entstehung eines zentralistisch und bürokratisch regierten Staates machte eine Übereinstimmung darüber erforderlich, auf welche Weise Streitfälle geregelt und die Gesellschaft regiert werden sollte. Die von den Abbasiden beanspruchte religiöse Legitimation ihrer Herrschaft verlangte darüber hinaus, daß alles, worauf man sich einigte, nachvollziehbar auf der Lehre des Islam basierte. Dadurch näherten sich die beiden Entwicklungen einander an. Der *qadi* wurde, zumindest in der Theorie, ein von der Exekutivmacht unabhängiger Richter, der Entscheidungen im Licht der religiösen Lehre traf. Das wiederum machte die Forderung nach einem allgemeinen Konsens über die praktischen Implikationen des Korans dringender. Der Koran, die Praxis oder *sunna* des Propheten, zusammengefaßt in Hadithen, die Meinungen von Gelehrten, die Praxis oder *sunna* örtlicher Glaubensgemeinschaften – sie alle waren wichtig, aber bislang herrschte keine Einigkeit darüber, wie ihre Beziehung untereinander auszusehen habe.

Den entscheidenden Schritt zur Definition der Rechtsprechung unternahm asch-Schafi'i (767–820). Der Koran, so erklärte er, war das eigentliche Wort Gottes: Er drückte den Willen Gottes in allgemeinen Regeln und Geboten zu bestimmten Angelegenheiten aus (Gebet, Almosen, Fasten, Wallfahrt, das Verbot des Ehebruchs, das Verbot von Wein und Schweinefleisch). Von gleicher Bedeutung war jedoch die Praxis oder *sunna* des Propheten, die in den Hadithen aufgezeichnet worden war. Sie hatte größeres Gewicht als die Traditionen der verschiedenen Gemeinden. Die *sunna* des Propheten war eine deutliche Manifestation des göttlichen Willens, und ihr Rang wurde durch Koranverse bestätigt: »O ihr, die ihr glaubt, gehorchet Gott und seinem Gesandten.«[2] Die Taten und Worte des Propheten legten die Implikationen der allgemeinen Bestimmungen des Korans offen und gaben Anleitung bei Dingen, zu denen der Koran schwieg. Für asch-Schafi'i waren Koran und *sunna* gleichermaßen unfehlbar. Die *sunna* konnte den Koran nicht außer Kraft setzen, aber der Koran auch nicht die *sunna*. Sie konnten einander nicht widersprechen; scheinbare Widersprüche ließen sich in Einklang bringen, oder man konnte davon ausgehen, daß ein späterer Koranvers oder ein Ausspruch des Propheten einen früheren aufhob.[3]

Der göttliche Wille mochte in Koran oder *sunna* noch so klar zum Ausdruck kommen, die Frage nach der Interpretation oder danach, wie bestimmte Prinzipien auf eine neue Situation anzuwenden waren, stellte sich immer wieder. Nach schafi'itischem Denken gab es für den gewöhnlichen Muslim nur eine Methode, Irrtümer zu vermeiden: Er mußte die Interpretation den Religionsgelehrten überlassen, die mit Hilfe ihrer Vernunft innerhalb enggezogener Grenzen erklärten, was Koran und Hadith enthielten. Wenn sich eine neue Situation ergab, sollte jemand, der fähig war, seine Vernunft zu gebrauchen, mit Hilfe der Analogie (*qiyas*) die Lösung des Problems finden. Er mußte versuchen, in der Situation ein Element zu entdecken, das mit einer Situation vergleichbar war, für die bereits eine Regelung vorlag. Diese disziplinierte Anwendung der Vernunft bezeichnete man als *idschtihad*, und die Rechtfertigung dafür ließ sich in einem *hadith* finden: »Die Gelehrten sind die Erben des Propheten.«[4] Führte die Anwendung der Vernunft zu einer Einigung, verlieh man diesem Konsens (*idschma'*) den Rang einer gesicherten und unbestreitbaren Wahrheit.

Asch-Schafi'i selbst formulierte diesen Grundsatz in der breitesten Bedeutung: Sobald die Gemeinde als Ganze sich in einer Frage geeinigt hatte, war die Sache für immer abgeschlossen. Wie ein *hadith* es ausdrückte,

»gibt es in der Gemeinde als ganzer keinen Irrtum, wenn es um Aussagen des Korans, der *sunna* und der Analogie geht«. Asch-Schafi'i fügte seinen Interpretationsprinzipien eine Art Anhang hinzu, der allgemein akzeptiert wurde: Wer den Koran und die *sunna* auslegt, kann das nicht ohne ausreichende Kenntnis der arabischen Sprache tun. Asch-Schafi'i zitiert Stellen des Korans, in denen erwähnt wird, daß er in arabischer Sprache geoffenbart worden war: »Wir haben Dir einen arabischen Koran offenbart [...] in klarem Arabisch.«[5] Nach Asch-Schafi'is Ansicht sollte jeder Muslim wenigstens soviel Arabisch lernen, daß er das Glaubensbekenntnis (*schahada*) ablegen, den Koran rezitieren und den Namen Gottes (*Allahu akbar*, »Gott ist groß«) anrufen konnte; ein Religionsgelehrter mußte natürlich mehr als das können.

Nachdem diese Grundsätze formuliert und allgemein anerkannt waren, konnte man versuchen, sie in Einklang mit der Gesamtheit der Gesetze und Moralvorschriften zu bringen. Dieser Prozeß der Rechtsentwicklung, *fiqh*, führte zu einem Ergebnis, dem man schließlich den Namen *schari'a* gab. Allmählich entstand eine Reihe von »Gesetzesschulen« (*madhahib*, Singular *madhhab*), die sich nach frühen Religionsgelehrten benannten, von denen sie sich herleiteten: die Hanafiten von Abu Hanifa, die Malikiten von Malik, die Schafi'iten von Asch-Schafi'i, die Hanbaliten von Ibn Hanbal und einige andere, die sich nicht durchsetzen konnten. Sie unterschieden sich in bestimmten wesentlichen Punkten in der Auslegung der Gesetze sowie in den Prinzipien juristischer Argumentation und besonders in Hinblick auf den Stellenwert der Hadithe, der Legitimität, der Grenzen und Methoden des *idschtihad*.

Die vier Schulen fanden alle ihren Platz in der sunnitischen Gemeinde. Andere muslimische Gruppierungen hatten eigene für sie verbindliche Systeme von Recht und Gesellschaftsmoral. Die Schulen der Ibaditen und der Zaiditen unterschieden sich nicht wesentlich von denen der Sunniten. Doch innerhalb der »Zwölfer«-Schia wurden die Rechtsgrundlagen anders definiert: Der Konsens der Gemeinschaft hatte nur Gültigkeit, wenn der *imam* in den Prozeß einbezogen war. Auch im schiitischen materiellen Recht bestanden einige deutliche Unterschiede.

Trotz des teilweise theoretischen Wesens der *schari'a* oder gerade deshalb sollten die *ulama*, die sie lehrten, auslegten und anwandten, eine bedeutende Stellung in den muslimischen Staaten und Gesellschaften einnehmen. Als Hüter einer sorgsam ausgearbeiteten Norm sozialen Verhaltens konnten sie den Entscheidungen eines Herrschers bis zu einem gewissen Punkt Grenzen setzen oder ihm zumindest als Ratgeber dienen. Sie konnten außerdem als Sprecher der Gemeinde oder zumindest der Gemeinde ihrer Stadt auftreten. Im großen und ganzen versuchten sie jedoch, sich sowohl von der Regierung als auch von der Gesellschaft fernzuhalten; sie wahrten das Bewußtsein von einer gottgeleiteten Gemeinde, die die Zeiten überdauerte und nichts mit den Interessen von Herrschern oder den Launen der Volksmeinung zu tun hatte.

Die Traditionen des Propheten

In den politischen und theologischen Kontroversen der ersten drei Jahrhunderte bediente man sich der Hadithe, und auch für das sich entwickelnde Rechtssystem war der *hadith* als eine der Gesetzesgrundlagen bedeutsam. Die Beziehung von Theologie und Recht zum *hadith* war jedoch nicht einfach. Politik und Theologie bedienten sich nicht nur des *hadith*, sondern schufen weitgehend die Gesamtheit der überlieferten Traditionen. Dieser Vorgang führte zur Entstehung einer anderen Religionswissenschaft, der Hadith-Kritik, der Ausarbeitung und Anwendung bestimmter Kriterien, um Traditionen, die als authentisch gelten konnten, von anderen, zweifelhaften oder erkennbar falschen zu unterscheiden.

Die Gemeinde, die sich um Muhammad bildete, hatte von Anbeginn an ein gewohnheitsmäßiges Verhaltensmuster, eine *sunna*, in zwei Ausformungen. Als Gemeinde schuf sie sich im Laufe der Zeit ihr eigenes Modell rechten Verhaltens, das sich aus einer Art Konsens heraus entwickelte und sichergestellt wurde. Der Gemeinde gehörten jedoch auch Menschen an, die versuchten, die *sunna* des Propheten zu bewahren, die Erinnerung daran, was er gesagt und getan hatte. Seine Gefährten erinnerten sich an ihn und gaben ihr Wissen an die nächste Generation weiter. Die Berichte seiner Taten und Worte wurden schon sehr früh nicht nur mündlich, sondern auch schriftlich überliefert. Manche frommen Muslime standen der Niederschrift von Hadithen zwar mißtrauisch gegenüber, denn sie fürchteten, dadurch könne dem Buch, dem Koran, etwas von seinem einzigartigen Rang genommen werden, doch andere förderten die Aufzeichnungen, und am Ende der Umaiyadenzeit lagen viele der Hadithen, die später in Biographien des Propheten aufgenommen wurden, in schriftlicher Form vor.

Der Vorgang war damit jedoch nicht abgeschlossen. Die *sunna* der Gemeinde und die überlieferte *sunna* des Propheten variierten von Ort zu Ort und von Zeit zu Zeit. Erinnerungen verblassen, Geschichten verändern sich beim Erzählen, und nicht alle, die sie aufzeichnen, halten sich an die Wahrheit. Am Anfang war die *sunna* der Gemeinde die wichtigere der beiden, aber mit der Zeit maßen Rechtsgelehrte und manche Theologen der *sunna* des Propheten größere Bedeutung bei. Rechtsgelehrte wollten die gesellschaftlichen Sitten und die Verwaltungsordnung, die sich herausgebildet hatten, in Zusammenhang mit den religiösen Grundsätzen bringen; eine Möglichkeit bestand darin, sie auf den Propheten selbst zurückzuführen. Wer sich an den großen Kontroversen über die Frage der Autorität oder über das Wesen Gottes und des Korans beteiligte, versuchte, im Leben und in den Äußerungen Muhammads Unterstützung für seine Ansichten zu finden. Auf diese Weise erweiterte sich im zweiten und dritten islamischen Jahrhundert (ungefähr das achte und neunte Jahrhundert nach Christus) der Corpus der Muhammad zugeschriebenen Äußerungen. Bis zu einem gewissen Punkt wurde das allgemein als literarischer Kunstgriff hingenommen, der wiederum durch einen *hadith* gerechtfertigt war:»Was an guter Rede zu hören ist, stammt von mir.« Man erkannte jedoch sehr früh die Gefahr, die darin lag. So entstand eine kritische Bewegung mit dem Ziel, das Wahre vom Falschen zu unterscheiden. Möglicherweise gegen Ende des ersten islamischen Jahrhunderts begannen religiöse Denker auf der Suche nach Gewährsleuten, die von ihren Eltern oder einem Lehrer eine mündliche Überlieferung bekommen hatten, weite Reisen zu unternehmen. Sie versuchten, eine Überlieferung möglichst durch eine Kette von Gewährsleuten auf den Propheten oder einen seiner Gefährten zurückzuführen. Dadurch wurde der Corpus der Überlieferungen verringert und vereinheitlicht.

Durch diesen Prozeß, teils Erinnerung, teils Erfindung, nahmen die Hadithe ihre endgültige Form an. Jeder bestand aus zwei Teilen: einem Text, der einen Ausspruch oder eine Handlung des Propheten wiedergab – in manchen Fällen Worte, die er nach eigener Aussage von Gott empfangen hatte –, sowie der Aufzählung der Überlieferer zurück bis zu einem Gefährten des Propheten, der den Ausspruch gehört oder das Geschehen als Zeuge mit angesehen hatte. Beide Elemente waren keineswegs unanfechtbar. Der Text konnte erfunden oder falsch in Erinnerung geblieben sein, und dasselbe galt natürlich auch für die Überlieferer. Und in vielen Fällen schien es in der Tat, als sei die lückenlose Kette der Gewährsleute bis zurück zum Propheten lediglich ein Kunstgriff der Verfasser. Deshalb bestand die Notwendigkeit einer wissenschaftliche Hadith-Kritik, durch die anhand klarer Prinzipien das Wahre vom Falschen unterschieden werden konnte.

Gelehrte, die sich die kritische Untersuchung der Hadithe zur Aufgabe machten, richteten ihr Hauptaugenmerk auf die Überliefererkette (*isnad*). Sie überprüften die Geburts- und Sterbedaten sowie die Wohnorte von

Überlieferern verschiedener Generationen auf die Wahrscheinlichkeit einer Begegnung und untersuchten die Glaubwürdigkeit der Betreffenden. Zur richtigen Durchführung dieser Arbeit bedurfte es eines Gespürs für die Authentizität oder Plausibilität des Textes; ein erfahrener Traditionalist entwickelte dabei im Laufe der Zeit ein scharfes Unterscheidungsvermögen.

Anhand dieser Kriterien konnten die Gelehrten die Überlieferungen nach dem Grad ihrer Zuverlässigkeit ordnen. Die beiden großen Sammlungen von al-Buchari (810–70) und Muslim (ca. 817–75) enthalten nur solche Hadithe, von deren Authentizität die Autoren überzeugt waren. Andere Sammlungen, denen man allgemein eine gewisse Autorität zubilligt, legen weniger strenge Maßstäbe an. Die Schiiten hatten eigene Sammlungen von Hadithen der Imame.

Die meisten westlichen Wissenschaftler und einige moderne Muslime sind noch weit skeptischer als Buchari oder Muslim und halten viele Hadithe, die beide als authentisch ansahen, für Konstruktionen, die aus dem Meinungsstreit über Autorität und Doktrin oder die Entwicklung der Rechtsordnung erwuchsen. Damit soll jedoch die bedeutende Rolle, die Hadithe in der Geschichte der muslimischen Gemeinschaft gespielt haben, keineswegs in Frage gestellt werden. Nicht weniger wichtig als die Frage nach ihrem Ursprung ist die Frage nach der Art ihrer Anwendung. In Augenblicken politischer Spannung, wenn der Feind vor den Toren stand, forderte der Herrscher vielleicht die *ulama* auf, als eine Art Bekräftigung all dessen, was Gott für sein Volk getan hatte, in der großen Moschee Abschnitte aus der Sammlung al-Bucharis zu lesen. Spätere Autoren, die sich mit Theologie, Rechts- oder Geisteswissenschaften befaßten, konnten ihre Ideen auf Hadithen aus dem großen Reservoir stützen, das selbst dann noch vorhanden war, nachdem Buchari und Muslim ihre Werke vorgelegt hatten.

Der Pfad der Mystik

Theologie, Rechts- und Traditionswissenschaft begannen alle bei den Aussagen des Korans und endeten damit, daß sie die Ansprüche des Islam untermauerten und die Abgrenzungen zu den verwandten monotheistischen Religionen festigten. Es gab allerdings auch Gedankenströmungen, die einen ähnlichen Ansatz hatten, jedoch dazu neigten, die Gemeinsamkeit der Muslime mit den Anhängern anderer Religionen zu betonen.

Eine dieser Richtungen des Denkens und Handelns bezeichnet man allgemein als »Mystizismus«; die arabische Entsprechung dieses Wortes ist *tasauwuf* (auf das die deutsche Form, Sufismus, zurückgeht), was sich möglicherweise auf die wollenen Gewänder *(suf)* bezieht, die manche der frühen Anhänger angeblich getragen haben. Es besteht inzwischen allgemein Einigkeit darüber, daß der Koran die Quelle der Inspiration für den Mystizismus war. Ein Gläubiger, der über seine innere Bedeutung meditiert, mag von einem Gefühl der überwältigenden Transzendenz Gottes und der völligen Abhängigkeit aller Geschöpfe von ihm erfüllt werden: Gott der Allmächtige, der Unergründliche, der alle führte, die an ihn glaubten, denn seine Größe war allgegenwärtig und jeder menschlichen Seele nahe, die auf ihn vertraute, »dir näher als die Ader an deinem Hals«. Der Koran enthält ausdrucksstarke Vorstellungsbilder von der Nähe Gottes zum Menschen und der Möglichkeit des Menschen, darauf zu reagieren. Es wird gesagt, Gott habe vor der Erschaffung der Welt einen Bund *(mithaq)* mit den Menschen geschlossen. Er fragte sie: »Bin Ich nicht euer Herr?« Und sie erwiderten: »Ja, wir bezeugen es.«[6] Muhammad hat zu Lebzeiten angeblich eine geheimnisvolle Reise unternommen, zuerst nach Jerusalem und dann in das Paradies, wo ihm gestattet wurde, sich Gott auf eine gewisse Entfernung zu nähern und Sein Gesicht zu schauen.

Bereits in frühislamischer Zeit scheinen zwei eng miteinander verbundene Entwicklungen eingesetzt zu haben. Es gab eine Strömung hin zu Frömmigkeit und Gebet mit dem Ziel reiner Absicht und des Verzichts auf eigennützige Motive und weltliche Genüsse und eine andere, die über die innere Bedeutung des Korans meditierte. Beide Bewegungen entstanden mehr in Syrien und im Irak als im Hedschaz, und es war natürlich, daß sie ihre Impulse aus den Denkweisen und Formen moralischen Handelns zogen, die bereits in der Welt existierten, in der Muslime lebten. Die Konvertiten hatten ihre eigenen überlieferten Sitten in den Islam eingebracht, und sie lebten in einer Umgebung, die immer noch mehr christlich und jüdisch als muslimisch war. Es war die letzte große Zeit des ostchristlichen Mönchstums und asketischen Denkens und Handelns. Der Prophet hatte mönchisches Leben im Prinzip mißbilligt. »Kein Klosterleben im Islam«, heißt es in einem berühmten *hadith*, und die islamische Entsprechung war, wie man sagte, der *dschihad*. In Wirklichkeit scheint der Einfluß christlicher Mönche jedoch sehr tiefgreifend gewesen zu sein: Ihre Vorstellung von einer verborgenen Welt der Tugend, die den bloßen Gesetzesgehorsam weit überstieg, und der Glaube, daß der Rückzug aus der Welt, Kasteiungen und die Wiederholung des Namens Gottes im Gebet mit Gottes Hilfe zur Reinheit des Herzens führen konnte und zur Befreiung von allen weltlichen Dingen, um sich auf diese Weise einer höheren, intuitiven Erkenntnis Gottes zu nähern, muß auch auf Muslime großen Eindruck gemacht haben.

Im Keim sind solche Ideen in muslimischer Ausprägung bereits im ersten islamischen Jahrhundert, in den Worten von al-Hasan al-Basri (642-728) erkennbar:

> Der Gläubige erwacht betrübt und geht betrübt zu Bett, und das ist alles, was ihn umgibt, denn er steht zwischen zwei erschreckenden Dingen: die Sünde, die er begangen hat, und dem Nichtwissen, was Gott mit ihm tun wird, und der ihm noch bewilligten Zeit, und dem Nichtwissen, welches Unglück über ihn kommen wird [...] hüte dich vor dieser Wohnstatt, denn es gibt keine Macht und Gewalt außer in Gott, und denke an das künftige Leben.[7]

Bei den frühen Mystikern findet das Bewußtsein von der Ferne und der Nähe Gottes seinen Ausdruck in der Sprache der Liebe: Gott ist das einzige angemessene Objekt menschlicher Liebe, Er ist allein um seiner selbst willen zu lieben. Das Leben des wahren Gläubigen ist ein Pfad, der zur Erkenntnis Gottes führt, und so wie der Mensch Gott näher kommt, so kommt Gott dem Menschen näher und wird »sein Sehen, sein Hören, seine Hand und seine Zunge«.

In einem überlieferten Fragment seiner Autobiographie zeigt at-Tirmidhi, ein Schriftsteller des dritten islamischen und neunten christlichen Jahrhunderts, der über spirituelle Themen schrieb, wie eine Seele zum Pfad hingezogen werden kann. Während einer Pilgerreise betete er im *haram*, als er plötzlich einen Augenblick der Reue über seine Sünden erlebte. Bei der Suche nach der richtigen Art zu leben, stieß er auf ein Buch von al-Antaki, das ihm half, Selbstdisziplin zu üben. Allmählich schritt er auf dem Pfad voran, zügelte seine Leidenschaften und zog sich aus der Gesellschaft zurück. Er wurde dabei unterstützt durch Träume vom Propheten; auch seine Frau hatte Träume und Visionen. Er wurde verfolgt und verleumdet von jenen, die behaupteten, er führe unerlaubte Neuerungen in die Religion ein, aber diese Leiden halfen ihm, sich zu läutern. Eines Abends kam er von einer Andachtsübung zurück, bei der er sich auf Gott besonnen hatte, als sein Herz sich öffnete und ihn ein süßes Wohlbefinden erfaßte.[8]

Im folgenden Jahrhundert wurde der Pfad, auf dem Männer und Frauen Gott näherkommen konnten, und die Überlegungen über das Ende dieses Pfades weiter erforscht. Möglicherweise kannte man bereits im achten Jahrhundert das charakteristische Ritual, gemeinsam den Namen Gottes (*dhikr*) zu wiederholen; zu dem Ritual gehörten verschiedene Körperbewegungen, Atemübungen oder Musik. Diese Praktiken sollten nicht automatisch zur ekstatischen Gottesschau führen, sondern die Seele von den Zerstreuungen der Welt freimachen. Die Gedanken der Sufimeister über das Wesen des Wissens, das am Ende des Pfades stand, wurden von den Gläubigen, die den Pfad beschritten, zunächst mündlich überliefert und später schriftlich festgehalten. Auf diese Weise entwickelte sich eine gemeinsame Sprache, in der sich das Wesen der mystischen Vorbereitung und Erfahrung ausdrücken ließ, und es entstand das Gefühl einer Gruppenidentität unter jenen, die sich auf dieser »Reise« befanden.

In diesem, dem dritten islamischen Jahrhundert (neuntes christliches Jahrhundert) wurden der Pfad zur Erkenntnis Gottes und das Wesen dieser Erkenntnis zum ersten Mal in einer systematisierten Form zum Ausdruck gebracht. In den Schriften von al-Muhasabi (gest. 857) wird die Lebensweise eines Wahrheitssuchers beschrieben, und al-Dschunaid (gest. 910) analysiert das Wesen der Erfahrung, die am Ende des Pfades liegt. Am Ende des Pfades steht der wahre und aufrichtige Gläubige vielleicht Gott von Angesicht zu Angesicht gegenüber, wie alle Menschen in dem Augenblick, in dem der Bund geschlossen wurde, und seine Attribute werden durch die Attribute Gottes ersetzt, seine indivuelle Existenz ist aufgehoben – aber nur für einen Augenblick. Danach kehrt er in seine eigene Existenz und in die Welt zurück; in sich aber trägt er die Erinnerung an diesen Augenblick, an die Nähe Gottes, aber auch an seine Transzendenz:

> Die Liebe Gottes ist in ihrem Wesen die Erleuchtung des Herzens durch Freude über die Nähe zum Geliebten; und wenn das Herz von dieser überströmenden Freude erfüllt ist, findet es sein Entzücken darin, mit der Erinnerung an den Geliebten allein zu sein [...] und wenn Einsamkeit verbunden ist mit der geheimen Zwiesprache mit dem Geliebten, dann überwältigt die Freude dieses Zwiegesprächs den Geist, so daß er keinen Anteil mehr nimmt an der Welt und an dem, was in ihr ist.⁹

Muhasabi und Dschunaid lebten und schrieben in der nüchternen sunnitischen Tradition; sie kannten die *schari'a*, und ihnen lag daran, daß ein Muslim, ganz gleich, wie weit er auf dem mystischen Pfad fortgeschritten war, die Gebote voll Aufrichtigkeit befolgte. Ihre Vorstellung von der überwältigenden Größe und Macht Gottes steht der eines Theologen wie al-Asch'ari nicht so fern, für den die Kraft allen Handelns von Gott kommt und ein Gläubiger auf Gottes Führung hoffen kann. In beiden Auffassungen lebt die Vorstellung vom Einbruch des Göttlichen in das menschliche Leben und von einer unergründlichen Vorsehung, die das Leben der Menschen nach ihren Absichten formt. Das Gefühl, von der Präsenz Gottes erfüllt zu sein, und sei es auch nur für einen Augenblick, konnte berauschend wirken, und manche Sufis, deren Vorstellungen sich nicht sehr von denen Dschunaids unterschieden haben mögen, versuchten, die unbeschreibliche Erfahrung in einer hyperbolischen und farbigen Sprache auszudrücken, die Widerspruch wecken konnte. Abu Yazid al-Bistami (gest. *ca.* 875) versuchte, den Augenblick der Ekstase zu beschreiben, in dem der Mystiker, der eigenen Existenz entblößt, von der Existenz Gottes erfüllt ist. Doch am Ende begriff er, daß das in diesem Leben eine Illusion ist, daß das menschliche Leben bestenfalls erfüllt sein kann von der wechselnden Anwesenheit und Abwesenheit Gottes. Ein berühmteres Beispiel ist al-Halladsch (*ca.* 857–922), der in Bagdad wegen blasphemischer Äußerungen hingerichtet wurde. Er war ein Schüler Dschunaids, und seine Lehre mag sich nicht sehr von der seines Meisters unterschieden haben, doch er verkündete sie im Ton ekstatischer und erfüllter Liebe. Sein Ausspruch: »Ich bin die Wahrheit [oder Gott]«, war vielleicht nur ein Versuch, die mystische Erfahrung, in der die Eigenschaften des Menschen von denen Gottes ersetzt werden, in Worte zu fassen. Aber man konnte ihn durchaus auch anders deuten. Ebenso ließ sich seiner These, die wahre Pilgerreise sei nicht die nach Mekka, sondern die spirituelle Reise, auf die der Mystiker sich in seinem Zimmer begeben könnte, die Implikation entnehmen, die getreue Erfüllung der religiösen Pflichten sei unwichtig. Vielleicht forderte etwas in seinem Wesen solche Mißverständnisse heraus, denn er war von einer Richtung des Sufismus beeinflußt (der Malamatiya), die möglicherweise auf das christliche Mönchstum des Vorderen Orients zurückging und in der es das Bestreben gab, sich durch Handlungen zu demütigen, die einem den Tadel der Welt einbringen: eine Art Abtötung der Selbstachtung.

Der Pfad der Vernunft

Spätere sufistische Spekulationen über die Erschaffung des Menschen durch Gott und die Rückkehr des Menschen zu ihm wurden stark von einer anderen Geistesströmung beeinflußt, die sehr früh einsetzte und versuchte, die Tradition griechischer Wissenschaft und Philosophie dem Arabischen einzuverleiben oder, anders ausgedrückt, diese Tradition durch das Medium der arabischen Sprache weiterzuführen und zu entwickeln.

Die Machtergreifung einer arabischen Dynastie verursachte keinen abrupten Bruch im intellektuellen Leben Ägyptens, Syriens, des Irak oder Irans. Die Schule von Alexandria bestand noch einige Zeit weiter, obwohl ihre Gelehrten schließlich nach Nordsyrien übersiedelten. Auch die medizinische Schule in Gundeschapur in Südiran, die unter der Schirmherrschaft der Sasaniden von nestorianischen Christen gegründet worden war, arbeitete weiter. An diesen und an anderen Orten gab es eine lebendige Tradition hellenistischen Denkens und hellenistischer Wissenschaften, obwohl ihre Interessen zu dieser Zeit begrenzter waren als zuvor und Syrisch das Griechische ersetzt hatte. Daneben bestanden eine bedeutende irakische Tradition jüdischer Gelehrsamkeit und eine iranische in Pahlavi, die einige wichtige, aus Indien stammende Elemente einschloß.

Während der ersten Generation muslimischer Herrschaft waren Übersetzungen aus dem Griechischen in das Syrische und dann in das Arabische nicht nötig, denn die meisten derer, die die Tradition weiterführten, waren immer noch Christen, Juden oder Zoroastrier. Und selbst die Konvertiten beherrschten noch die Sprachen des Denkens oder standen in Kontakt mit anderen, die es taten. Die herrschende arabische Gruppe interessierte sich wahrscheinlich nicht sonderlich dafür, was ihre Untertanen studierten; das wäre auch kaum möglich gewesen, denn die arabische Sprache war noch nicht fähig, wissenschaftliche und philosophische Konzepte präzise auszudrücken.

Beginnend mit den letzten Jahren des zweiten und bis zum vierten islamischen Jahrhundert (ungefähr vom achten bis zehnten Jahrhundert) arbeitete man intensiv an Übersetzungen, und zwar mit ausdrücklicher Ermutigung einiger Abbasidenkalifen – durchaus eine Seltenheit. Weitgehend übernahmen Christen diese Arbeit, deren erste Kultursprache Syrisch war – sie übersetzten aus dem Syrischen ins Arabische –, aber einige Werke wurden direkt aus dem Griechischen ins Arabische übertragen. Ein wesentlicher Teil der Arbeit bestand darin, die Möglichkeiten der arabischen Sprache, ihr Vokabular und ihr Idiom zu erweitern, um sie zu einem adäquaten Medium für das gesamte intellektuelle Leben der Zeit zu machen. Eine wichtige Rolle spielte dabei der bedeutendste Übersetzer seiner Zeit Hunain ibn Ishaq (808–73).

Praktisch die gesamte, noch durch die Schulen überlieferte griechische Kultur wurde in diese erweiterte Sprache aufgenommen. In vieler Hinsicht war es allerdings eine bereits stark geschrumpfte Kultur. Rhetorik, Poetik, Drama und Geschichte wurden nicht mehr gelehrt oder kaum noch studiert. Zu den üblichen Studien gehörten Philosophie (das meiste von Aristoteles, einige Dialoge von Platon und einige neuplatonische Werke), Medizin, die exakten Wissenschaften Mathematik und Astronomie und die okkulten Wissenschaften Astrologie, Alchemie und Magie. Philosophie, Wissenschaften und okkulte Studien waren natürlich noch nicht so klar voneinander getrennt wie heute.

Die Motive der Übersetzer und ihrer Schirmherren, der Kalifen, mögen zum Teil praktischer Natur gewesen sein: Medizinisches Können wurde gebraucht, und die Kontrolle über die Naturkräfte konnte Macht und Erfolg bringen. Daneben bestand jedoch auch eine umfassende intellektuelle Neugier, wie sie in den Worten von al-Kindi (*ca.* 801–66) zum Ausdruck kommt. Er war der Denker, mit dem die Geschichte der islamischen Philosophie praktisch ihren Anfang nimmt:

> Wir sollten uns nicht schämen, die Wahrheit anzuerkennen, ganz gleich, aus welcher Quelle sie zu uns kommt, selbst wenn frühere Generationen und fremde Völker sie uns bringen. Für den Wahrheitssucher ist nichts von höherem Wert als die Wahrheit selbst.[10]

In diesen Worten drückt sich nicht nur die Erregung aus, die die Entdeckung der griechischen Tradition wecken konnte, sondern auch das Selbstbewußtsein einer imperialen Kultur, die sich auf weltliche Macht und die Überzeugung vom Beistand Gottes stützte.

Diese Übersetzungen stehen am Beginn einer wissenschaftlichen Tradition in arabischer Sprache. Sie führte die spätgriechische Tradition in vieler Hinsicht fort und entwickelte sie weiter. Es war ein Zeichen dieser Kontinuität, daß Ibn Abi Usaibi'a, der Historiograph der arabischen Medizin, den hippokratischen Eid griechischer Ärzte im vollen Wortlaut aufnahm: »Ich schwöre bei Gott, dem Herrn über Leben und Tod [...] und ich schwöre bei Äskulap, und ich schwöre bei allen Heiligen Gottes [...]«[11]

In die Wissenschaften griechischen Ursprungs mischten sich jedoch Elemente, die aus iranischen und indischen Traditionen stammten. Bereits im neunten Jahrhundert erwähnt der Mathematiker al-Chwarizmi (*ca.* 800–47) den Gebrauch indischer – der sogenannten arabischen – Ziffern bei mathematischen Berechnungen. Diese Mischung der Elemente ist signifikant. So wie das Abbasidenkalifat die Länder des Indischen Ozeans und des Mittelmeerbeckens zu einer einzigen Handelszone vereinigte, so wurden die griechischen, iranischen und indischen Traditionen zusammengeführt, und man hat gesagt, daß »zum ersten Mal in der Geschichte... die Wissenschaft in internationalem Rahmen betrieben wurde«.[12]

Ganz gleich welchen Ursprungs, man integrierte die Wissenschaften ohne große Probleme in die Kultur und Gesellschaft, die sich in der arabischen Sprache artikulierte. Die Astronomen wurden zu Zeitmessern und legten die Zeiten für Gebet und rituelle Handlungen fest; Ärzte waren allgemein geachtet und konnten mitunter Einfluß auf die Herrscher ausüben. Manche Wissenschaften stellten Fragen nach den Grenzen menschlichen Wissens. Viele Ärzte wiesen die Behauptung der Astrologie zurück, die Konjunktion der Körpersäfte werde von der Konjunktion der Gestirne beherrscht; auch nicht alle Behauptungen der Alchemisten fanden Glauben. Vor allem die Philosophie stellte Fragen, denn in mancher Hinsicht schien es schwierig, die Methoden und Schlußfolgerungen der griechischen Philosophie mit den fundamentalen Lehren des Islam in Einklang zu bringen, die von Theologen und Rechtsgelehrten ausgearbeitet wurden.

Die Philosophie ging von der Voraussetzung aus, daß der Mensch durch die richtig angewandte menschliche Vernunft eine bestimmte Kenntnis des Universums erlangen konnte. Aber ein Muslim zu sein bedeutete, daran zu glauben, daß manches für das menschliche Leben wesentliche Wissen den Menschen nur durch das den Propheten geoffenbarte Wort Gottes geschenkt worden war. Wenn der Islam recht hatte, wo lagen dann die Grenzen der Philosophie? Waren die Behauptungen der Philosophen richtig, wozu bedurfte es dann der Prophezeiung? Der Koran lehrte, daß Gott die Welt durch sein schöpferisches Wort »Werde« geschaffen hatte. Wie ließ sich das mit der aristotelischen Theorie vereinbaren, nach der die Materie ewig und nur ihre Form geschaffen sei? Die arabischsprachige Welt kannte Plato nur durch die Interpretation späterer Denker, und selbst Aristoteles wurde auf der Grundlage eines neuplatonischen Werkes mit dem irrigen Titel »Die Theologie des Aristoteles« interpretiert. Für diese späteren Denker hatte Gott vermittels einer Hierarchie von Emanationen, die alle von ihm ausgingen, die Welt erschaffen und erhalten. Wie ließ sich diese Ansicht mit der Idee eines allmächtigen Gottes vereinbaren, der trotzdem direkt in die menschliche Welt eingriff? Wie konnte Platos Theorie, nach der die beste Form der Regierung die eines Philosophen-Königs war, mit der muslimischen Vorstellung in Einklang gebracht werden, daß die Herrschaft zur Zeit des Propheten und der ersten Kalifen am besten dem Willen Gottes für die Menschen entsprach?

Abu Bakr ar-Razi (865–925), ein berühmter medizinischer Autor des neunten Jahrhunderts, gab eindeutige Antworten auf solche Fragen. Nur die menschliche Vernunft konnte zu gesichertem Wissen verhelfen; der Pfad der Philosophie war offen für jeden Zweck; die Behauptung, Offenbarungen erhalten zu haben, war falsch, und Religionen waren gefährlich.

Die Auffassung al-Farabis (gest. 950) war vielleicht typischer für Philosophen, die überzeugte Muslime blieben. Nach seiner Ansicht konnte der Philosoph mit Hilfe der Vernunft die Wahrheit finden und danach leben. Aber nicht alle Menschen waren Philosophen und in der Lage, die Wahrheit direkt zu begreifen. Die meisten konnten sie nur durch Symbole erkennen. Manche Philosophen besaßen die Fähigkeit, die Wahrheit durch die Vorstellung und durch den Intellekt zu erkennen und sie sowohl in

Form von Bildern als auch von Ideen zu verkünden. Das waren die Propheten. Die prophetische Religion war also ein Pfad, die Wahrheit durch Symbole allen Menschen verständlich zu machen. Den verschiedenen Religionen lagen unterschiedliche symbolische Systeme zugrunde, aber alle versuchten, derselben Wahrheit Ausdruck zu verleihen. Das bedeutete nicht, daß es allen Propheten in gleicher Angemessenheit gelang.

Philosophie und islamische Religion, so meinte al-Farabis, widersprachen daher einander nicht. Sie drückten dieselbe Wahrheit nur in unterschiedlicher Form aus, die den verschiedenen Ebenen entsprach, auf denen die Menschen sie verstehen konnten. Der Erleuchtete kann nach der Philosophie leben; wer durch Symbole die Wahrheit erlangt und ein gewisses Maß an Verständnis erreicht hat, kann von der Theologie geleitet werden; gewöhnliche Menschen sollen der *schari'a* gehorchen.

Die Gedanken al-Farabis liefen daher darauf hinaus, daß die Philosophie in ihrer reinen Form nicht für jedermann bestimmt sei. Die Unterscheidung zwischen der intellektuellen Elite und der Masse sollte zum Gemeinplatz islamischen Denkens werden. Die Philosophie blieb zwar lebendig, wurde jedoch zur Privatangelegenheit – häufig von Medizinern –, der man mit Vorsicht nachging und die oft Mißtrauen erregte. Trotzdem fanden einige der philosophischen Ideen Eingang in das Denken dieses und späterer Zeitalter. Die Zeit al-Farabis war auch die Zeit der Fatimiden, und neuplatonische Vorstellungen von der Hierarchie göttlicher Emanationen lassen sich im ausgereiften System der Isma'iliya feststellen. In einer sehr viel späteren Periode fanden sie auch Aufnahme in die theoretischen Systeme, mit denen Sufi-Schriftsteller ihre Suche und das, was sie an deren Ende zu finden hofften, erklärten.

ZWEITER TEIL

ARABISCH-MUSLIMISCHE GESELLSCHAFTEN

(Elftes bis fünfzehntes Jahrhundert)

In den fünf Jahrhunderten, die Thema dieses Teils sind, war die islamische Welt in mancher Hinsicht geteilt, bewahrte in anderer aber ihre Einheit. Die Grenzen der muslimischen Welt veränderten sich – sie dehnte sich in Anatolien und Indien aus, verlor Spanien jedoch an christliche Reiche. Innerhalb dieser Grenzen kam es zu einer Spaltung zwischen Gebieten mit Arabisch als erster Kultur- und Alltagssprache und anderen, wo es die Hauptsprache religiöser und rechtswissenschaftlicher Literatur blieb, das wiederbelebte Persisch jedoch zum wichtigsten Medium weltlicher Kultur wurde. Die Türken, eine dritte ethnische und sprachliche Gruppe, gewann an Bedeutung. Sie stellten in großen Gebieten des östlichen Teils der muslimischen Welt die herrschende Elite. In den arabischsprachigen Regionen überlebte das Abbasidenkalifat von Bagdad bis in das dreizehnte Jahrhundert, aber es kam zu einer klaren politischen Aufteilung in drei Territorien: Irak, der üblicherweise mit Iran verbunden war; Ägypten, das üblicherweise Syrien und das westliche Arabien beherrschte; und der Maghreb mit seinen verschiedenen Regionen.

Trotz der politischen Teilungen und Veränderungen gab es in den arabischsprachigen Gebieten der muslimischen Welt gesellschaftliche und kulturelle Formen, die in dieser Periode relativ stabil blieben und in den einzelnen Regionen Ähnlichkeiten aufwiesen.

Dieser Teil des Buches untersucht die Welt der Stadtbevölkerung, der Bauern, der Viehzüchter-Nomaden und die Verbindungen zwischen ihnen; und er zeigt auf, wie Interessengemeinschaften zwischen den Oberschichten städtischer Bevölkerung und den Herrschern entstanden, deren Macht durch eine Reihe von Autoritätsvorstellungen gerechtfertigt war. Im Mittelpunkt der städtischen Hochkultur stand die Tradition von Religions- und Rechtsgelehrsamkeit, die in eigenen Einrichtungen, den madaris *(Medresen) gepflegt wurden. Verbunden damit waren andere Traditionen säkularer Literatur, des philosophischen und wissenschaftlichen Denkens und der mystischen Betrachtung, die durch Sufi-Bruderschaften weitergegeben wurden; sie alle spielten eine wichtige Rolle bei der Integration der verschiedenen Schichten der muslimischen Gesellschaft.* Die Zahl der Juden und Christen nahm ab; aber Christen und Juden bewahrten ihre eigenen religiösen Traditionen; vor allem die Juden wirkten am Aufblühen von Philosophie und Literatur mit und nahmen im städtischen Handel einen bedeutenden Platz ein.

Kapitel 5

Die arabisch-muslimische Welt

Staaten und Dynastien

Am Ende des zehnten Jahrhunderts war eine islamische Welt entstanden, die von einer gemeinsamen religiösen Kultur in arabischer Sprache und durch menschliche Bindungen zusammengehalten wurde, die sich im Kontext von Handel, Umsiedlung und Pilgerreisen entwickelt hatten. Diese Welt bildete jedoch nicht länger eine politische Einheit. Drei Herrscher – in Bagdad, in Kairo und in Cordoba – erhoben Anspruch auf den Kalifentitel, und es gab andere, die *de facto* über unabhängige Staaten regierten. Es war eine bemerkenswerte Leistung gewesen, so viele Länder mit unterschiedlichen Kulturen und Interessen über einen so langen Zeitraum in einem einzigen Reich zusammengehalten zu haben. Ohne die Kraft der religiösen Überzeugung wäre das kaum möglich gewesen. Aus ihr war zunächst eine wirkungsvoll herrschende Gruppe in Westarabien hervorgegangen; dann hatte sich eine Interessengemeinschaft zwischen dieser Gruppe und der expandierenden Klasse der Gesellschaften herausgebildet. Das Abbasidenkalifat verfügte weder über die militärischen noch über die administrativen Ressourcen, die es ihm ermöglicht hätten, den Rahmen der politischen Einheit in einem Reich, das sich von Zentralasien bis zur Atlantikküste erstreckte, auf Dauer zu erhalten. Ab dem zehnten Jahrhundert ist die politische Geschichte der Länder, in denen die Herrscher und ein zunehmend größerer Teil der Bevölkerung Muslime waren, eine regionale Geschichte vom Aufstieg und Fall von Dynastien, deren Macht von ihrer Hauptstadt bis an Grenzen ausstrahlte, die meist nicht klar gezogen waren.

Es wird hier nicht der Versuch unternommen, eine detaillierte Geschichte all dieser Dynastien zu schreiben, aber zumindest soll ein allgemeines Bild der wesentlichen Ereignisse gezeichnet werden. Zu diesem Zweck kann man die islamische Welt in drei große Gebiete mit jeweils einem eigenen Machtzentrum aufteilen. Das erste umfaßte Iran, das Land jenseits des Oxus, und den südlichen Irak; sein wichtigstes Machtzentrum war noch einige Zeit nach dem zehnten Jahrhundert Bagdad, da es im Herzen eines reichen Agrarbezirks und eines weitgespannten Handelsnetzes lag und während der Herrschaft der Abbasidenkalifen an Einfluß und Ansehen gewonnen hatte. Das zweite Gebiet schloß Ägypten, Syrien und Westarabien ein; sein Machtzentrum war Kairo, eine von den Fatimiden gegründete Stadt mit einem landwirtschaftlich produktiven Hinterland. Kairo war auch ein Kreuzungspunkt von Handelswegen, die die Länder am Indischen Ozean mit denen des Mittelmeeres verbanden. Das dritte Gebiet ist der Maghreb und Andalus, der muslimische Teil Spaniens; es hatte kein beherrschendes Machtzentrum, sondern mehrere Zentren, die in Regionen mit intensiver landwirtschaftlicher Nutzung lagen und an Punkten, die eine Kontrolle des Handels zwischen Afrika und der mediterranen Welt ermöglichten.

Sehr vereinfacht kann man die politische Geschichte aller drei Regionen in mehreren Perioden sehen. Die erste umfaßt das elfte und zwölfte Jahrhundert. In diesem Zeitraum stand das östliche Gebiet unter der Herrschaft der Seldschuken, einer türkischen Dynastie, die sich auf eine türkische Armee stützte und der sunnitischen Richtung des Islam angehörte. Die Seldschuken schwangen sich 1055 in Bagdad unter der formellen Oberhoheit der Abbasiden zu den wahren Herren auf. Sie herrschten über den Iran, Irak und den größten Teil Syriens und entrissen dem byzantinischen Kaiser große Gebiete Anatoliens (1038–1194). Sie beanspruchten aber nicht die Kalifenwürde. Üblicherweise bezeichnet man sie und die Herrscher späterer Dynastien als »Sultan«, das bedeutet in etwa »Träger der Macht«.

In Ägypten regierten bis 1171 die Fatimiden; sie wurden dann von Salah ad-Din (Saladin, 1169–93), einem Militärführer kurdischer Abstammung, entmachtet. Der Herrscherwechsel brachte auch eine Änderung der religiösen Bindungen mit sich. Die Fatimiden hatten der isma'ilitischen Richtung der Schia angehört; Salah ad-Din war Sunnit; ihm gelang es, die Kampfkraft und die religiöse Begeisterung der ägyptischen und syrischen Muslime zu entfachen, um die europäischen Kreuzritter zu besiegen, die am Ende des elften Jahrhundert in Palästina und an der syrischen Küste christliche Staaten errichtet hatten. Die von Salah ad-Din gegründete Dynastie, die Aiyubiden, herrschte in Ägypten von 1169 bis 1252, in Syrien bis 1260 und in Teilen Westarabiens bis 1229.

Im Westen zerfiel das Umaiyadenkalifat von Cordoba im frühen elften Jahrhundert in eine Reihe kleinerer Reiche; das wiederum ermöglichte es den christlichen Staaten, die im Norden Spaniens überlebt hatten, sich nach Süden auszudehnen. Ihre Expansion wurde allerdings durch das Entstehen zweier aufeinanderfolgender Dynastien für einige Zeit aufgehalten, deren Macht auf der Idee einer religiösen Reform und der Kampfstärke marokkanischer Berbervölker beruhte. Zuerst war es die Dynastie der Almoraviden, die aus den Randgebieten der Wüste im südlichen Marokko kamen (1056-1147) und danach die der Almohaden. Sie konnten sich auf die Bündnistreue der Berberstämme des Atlas verlassen; zu ihrem Reich gehörten zum Zeitpunkt seiner größten Ausdehnung Marokko, Algerien, Tunesien und der muslimische Teil Spaniens (1130-1269).

Eine zweite Periode umfaßt in etwa das dreizehnte und vierzehnte Jahrhundert. Während des dreizehnten Jahrhunderts wurde das östliche Gebiet von einer nichtmuslimischen Mongolendynastie bedroht. Die Mongolen erschienen mit einem Heer, das sich aus Angehörigen mongolischer und türkischer Stämme der innerasiatischen Steppen zusammensetzte, und fielen über die muslimische Welt her. Sie unterwarfen Iran und den Irak und erzwangen 1258 das Ende des Abbasidenkalifats von Bagdad. Ein Zweig der mongolischen Herrscherfamilie regierte beinahe ein Jahrhundert lang (1256-1336) Iran und den Irak und konvertierte während dieser Zeit zum Islam. Die Mongolen versuchten, weiter nach Westen vorzudringen, wurden jedoch in Syrien von einer ägyptischen Armee aus Militärsklaven (Mamluken), die von den Aiyubiden ins Land gebracht worden waren, aufgehalten. Die Führer dieser Armee stürzten die Aiyubiden und bildeten eine militärische Elite, die sich durch Nachschub aus dem Kaukasus und Zentralasien selbst erneuerte und mehr als zwei Jahrhunderte über Ägypten herrschte (1250-1517); Syrien stand ab 1260 unter ihrer Herrschaft; die Mamluken kontrollierten auch die heiligen Städte in Westarabien. In der westlichen Region wurden die Almohaden von mehreren Nachfolgedynastien verdrängt, darunter den Mariniden in Marokko (1196-1465) und den Hafsiden (1228-1574), die von ihrer Hauptstadt Tunis aus regierten.

In dieser zweiten Periode veränderten sich die Grenzen der muslimischen Welt erheblich. An manchen Stellen mußten die Muslime vor den Angriffen der christlichen Staaten Europas zurückweichen. Sizilien ging an die nordeuropäischen Normannen verloren und der größte Teil Spaniens an die christlichen Reiche im Norden der Iberischen Halbinsel; um die Mitte des vierzehnten Jahrhunderts beherrschten die Christen mit Ausnahme des Königreiches Granada im Süden das gesamte Land. Die arabisch-muslimische Bevölkerung Siziliens und Spaniens hielt sich noch einige Zeit, wurde am Ende jedoch entweder durch Konversion oder Ver-

Der Nahe Osten und der Maghreb gegen Ende des 11. Jahrhunderts.

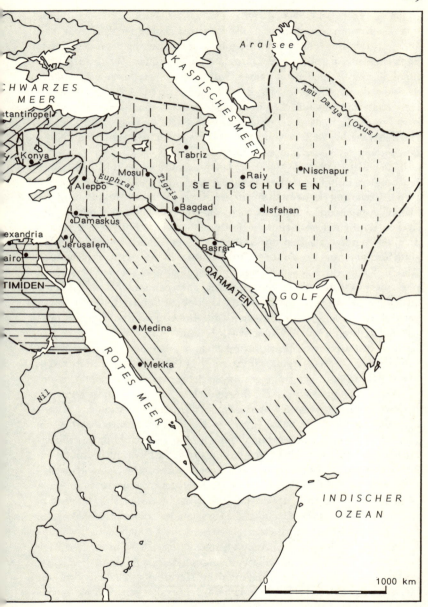

treibung ausgelöscht. Die Mamluken zerstörten ihrerseits endgültig die von den Kreuzrittern in Syrien und Palästina gegründeten Staaten, und andere türkische Dynastien führten die von den Seldschuken begonnene Expansion in Anatolien fort. Durch den andauernden Zuzug türkischer Stämme und die Bekehrung eines Großteils der griechischen Bewohner veränderte sich überdies die Bevölkerungsstruktur. Die muslimische Herrschaft und muslimischen Völker dehnten sich außerdem im Osten bis nach Nordindien aus. Auch in Afrika verbreitete sich der Islam über die Handelswege in die Sahelzone am südlichen Rand der Sahara, im Niltal und entlang der ostafrikanischen Küste.

In der dritten Periode, die ungefähr das fünfzehnte und sechzehnte Jahrhundert umfaßt, standen die muslimischen Staaten vor einer neuen Herausforderung der westeuropäischen Staaten. Die Produktion und der Handel europäischer Städte wuchsen; die von venezianischen und genuesischen Kaufleuten exportierten Stoffe wurden eine Konkurrenz für die Textilerzeugnisse aus den muslimischen Städten. Die christliche Eroberung Spaniens fand 1492 mit der Eroberung des Königreichs Granada ihren Abschluß; die christlichen Könige von Portugal und Spanien herrschten nun über die ganze Iberische Halbinsel. Die spanische Macht bedrohte auch die Muslimherrschaft über den Maghreb; außerdem waren südeuropäische Seeräuber, die im östlichen Mittelmeerraum die Handelsschiffe überfielen, für die Muslime eine ernste Gefahr.

Neue Militär- und Marinetechniken und besonders der Einsatz von Schießpulver trugen wesentlich zu einer größeren Machtkonzentration und der Entstehung mächtigerer und langlebigerer Staaten bei, die in dieser Periode den größten Teil der muslimischen Welt unter ihrer Kontrolle hatten. Im fernen Westen lösten neue Dynastien die Mariniden und andere ab – zuerst die Sa'diden (1511–1628) und danach die Alawiten, die von 1631 bis zum heutigen Tag herrschen. Am anderen Ende des Mittelmeeres entstand unter den Osmanen eine türkische Dynastie in Anatolien, der umstrittenen Grenze des byzantinischen Reiches. Die Osmanen weiteten ihr Herrschaftsgebiet zunächst nach Südosteuropa aus und eroberten dann das übrige Anatolien. Konstantinopel, die byzantinische Hauptstadt, wurde unter dem Namen Istanbul die Hauptstadt der Osmanen (1453). Im frühen sechzehnten Jahrhundert besiegten die Osmanen die Mamluken und gliederten Syrien, Ägypten und Westarabien ihrem Reich ein (1516–17). Sie übernahmen die Verteidigung der maghrebinischen Küste gegen Spanien und wurden dadurch die Nachfolger der Hafsiden. Ihr Herrschaftsgebiet erstreckte sich schließlich über den ganzen Maghreb bis an die Grenzen Marokkos. Ihr Reich sollte bis 1922 existieren.

Weiter im Osten gründete Timur (Tamerlan), ein Herrscher, der mit seiner siegreichen Armee aus Angehörigen innerasiatischer Stämme Iran und Transoxanien erobert hatte, eine Dynastie, die sich aber kaum mehr als ein Jahrhundert halten konnte (1370–1506). Anfang des sechzehnten Jahrhunderts wurde sie von der neuen und über zwei Jahrhunderte bestehenden Dynastie der Safawiden verdrängt, die ihre Herrschaft vom nordwestlichen Iran auf das ganze Land und weit über seine Grenzen hinaus ausdehnten (1501–1732). Die Moguln, eine Dynastie, die auf die mongolischen Herrscher und Timur zurückging, gründeten ein Reich in Nordindien mit der Hauptstadt Delhi (1526–1858).

Außerhalb der Grenzen dieser vier großen Reiche – des Reiches der Alawiden, Osmanen, Safawiden und Moguln – gab es kleinere Staaten auf der Krim und dem Land nordöstlich des Oxus, in Zentral- und Ostarabien und in den neu zum Islam bekehrten afrikanischen Ländern.

Araber, Perser und Türken

Diese politischen Veränderungen zerstörten jedoch nicht die kulturelle Einheit der islamischen Welt; sie verstärkte sich sogar, als immer größere Teile der Bevölkerung konvertierten und der islamische Glaube sich in Denksystemen artikulierte und durch einflußreiche Institutionen wirkte. Im Laufe der Zeit trat jedoch eine gewisse Spaltung innerhalb der großen kulturellen Einheit in Erscheinung; in den östlichen Teilen der islamischen Welt löschte die neue Religion, der Islam, das Bewußtsein der Vergangenheit nicht so weit aus wie im Westen.

Im westlichen Teil der muslimischen Welt verdrängte Arabisch allmählich die Landessprachen. In Iran und in anderen Ostgebieten sprach man weiterhin persisch. Der Unterschied zwischen Arabern und Persern bestand seit der Zeit, als die arabischen Eroberer das Sasanidenreich unterworfen, seine Beamten in den Dienst der Abbasidenkalifen übernommen und seine gebildete Schicht in das Werden einer islamischen Kultur einbezogen hatte. Das Gefühl der Verschiedenheit äußerte sich mit feindseligen Untertönen in der *schu'ubiya*, einer in Arabisch geführten literarischen Kontroverse über die jeweiligen Verdienste der beiden Völker bei der Ausformung des Islam. Perser benutzten Pahlevi weiterhin in der religiösen zoroastrischen Literatur und eine gewisse Zeit auch in der Staatsverwaltung.

Im zehnten Jahrhundert entstand etwas Neues: eine Hochliteratur in einer neuen Form des Persischen, die sich in der grammatischen Struktur nicht wesentlich vom Pahlevi unterschied, jedoch in arabischer Schrift geschrieben wurde; arabische Lehnwörter dienten zur Vergrößerung des Wortschatzes. Dieser kreative Vorgang scheint seinen Anfang an den Höfen lokaler Herrscher in Ostiran genommen zu haben, die die arabische Sprache nicht beherrschten. Die neue Literatur war gewissermaßen ein Spiegelbild der an anderen Höfen verfaßten arabischen Werke, zu denen lyrische Poesie und Preisgedichte gehörten, aber auch Geschichte und Religion.

Es gab jedoch eine andere, ausgesprochen persische literarische Form aus vorislamischer Zeit – das epische Gedicht; sein Inhalt war die überlieferte Geschichte Irans und seiner Herrscher; nun wurde es in Neupersisch wiederbelebt und erhielt mit dem *Schahname* von Firdaŭsi (*ca*. 940–1020) seine endgültige Prägung. Unter den muslimischen Ländern nahm Persien durch die starke und bewußte Verbindung mit seiner vorislamischen Vergangenheit eine Sonderstellung ein. Das führte jedoch nicht zur Ablehnung seines islamischen Erbes; Perser benutzten auch weiterhin Arabisch für religiöse und juristische Werke und verfaßten säkulare Literatur auf persisch; der Einfluß dieser Doppelkultur reichte im Norden bis nach Transoxanien und im Osten bis in das nördliche Indien.

Auf diese Weise zerfielen die muslimischen Länder in zwei Teile; im einen war Arabisch die einzige kulturelle Hochsprache, im anderen dienten Arabisch und Persisch unterschiedlichen Zwecken. Eng verbunden mit der Sprachgrenze war die Eigenständigkeit der politischen Machtzentren. Durch den Aufstieg der Fatimiden im Westen und der Seldschuken im Osten entstand eine sich allerdings immer wieder verändernde Grenze zwischen Syrien und dem Irak. Das Verschwinden des Abbasidenkalifats, die Zerschlagung der Macht Bagdads durch die Mongolen und ihre spätere Niederlage gegen die Mamluken in Syrien machten diese Teilung permanent. Von nun an standen im Osten Territorien unter der Herrschaft von Staaten mit Machtzentren in Iran, Transoxanien oder Nordindien; die Länder im Westen wurden von Kairo oder Städten des Maghreb oder Spaniens beherrscht. Der Südirak, das ehemalige politische und kulturelle Zentrum, war damit zur Grenzregion geworden.

Die politische Teilung konnte man jedoch nicht als eine Teilung zwischen Arabern und Persern betrachten, denn ab dem elften Jahrhundert waren die meisten herrschenden Gruppen in beiden Gebieten weder von ihrer Sprache noch von ihrer politischen Tradition her arabischer oder persischer Herkunft, sondern Türken, die Nachfahren der kriegerischen Nomadenvölker Innerasiens. Ihr Vordringen über die nordöstliche Grenze in das islamische Reich hatte während der Abbasidenzeit begonnen. Zunächst waren es wenige gewesen, dann hatten ganze Gruppen die Grenze überschritten und waren Muslime geworden. Manche traten in die Armeen der Herrscher ein, und mit wachsender Macht entwickelten sie eigene Dynastien. Die Seldschuken waren türkischer Abstammung; als sie ihre Macht nach Westen und auf Anatolien ausdehnten, zogen Türken mit ihnen. Viele der in Ägypten herrschenden Mamluken kamen aus türkischen Gebieten; die Türken stellten den größten Teil der Krieger in den Armeen der Mongolen; und so hatte der Mongoleneinfall die permanente Ansiedlung großer türkischer Gruppen in Iran und in Anatolien zur Folge. Die militärische Stärke der späteren Dynastien der Osmanen, der Safawiden und der Moguln beruhte auf der Kampfkraft türkischer Armeen.

Die von Türken gegründeten Dynastien benutzten Formen des Türkischen als Militärsprache und am Hof. Aber mit der Zeit integrierten sich die Türken in die Welt der arabischen oder arabisch-persischen Kultur, oder sie fungierten zumindest als ihre Gönner und Beschützer. In Iran war Türkisch die Sprache der Herrscher und des Militärs, Persisch dagegen die Verwaltungs- und Kultursprache und Arabisch die Sprache von Religion und Recht. Im Westen war Arabisch die Herrschaftssprache, die Sprache der Staatsverwaltung und der Hochkultur; später änderte sich das bis zu einem gewissen Grad, als der Aufstieg des Osmanischen Reichs zur Entstehung einer eigenen osmanisch-türkischen Sprache und Kultur führte, die sowohl von hohen Beamten als auch im Palast und im Heer gesprochen und gepflegt wurde. Im Maghreb und den noch verbliebenen Gebieten des muslimischen Spanien war Arabisch die erste Sprache von Verwaltung und Hochkultur. Zwar spielten Berber aus dem Atlas und von den Rändern der Sahara von Zeit zu Zeit eine politische Rolle, doch sie wurden stets von der arabischen Kultur aufgesogen. Mit der Eroberung durch die Osmanen im sechzehnten Jahrhundert gelangte etwas von ihrer Sprache und von ihrer politischen Kultur bis zur Küste des Maghreb.

Dieses Buch beschäftigt sich mit dem westlichen Teil der islamischen Welt, in dem Arabisch die vorherrschende Sprache der Hochkultur und in der einen oder anderen Form auch allgemeine Umgangssprache war. Es wäre natürlich falsch zu glauben, der Islam sei völlig abgeschnitten von der ihn umgebenden Welt gewesen. Arabischsprachige Länder hatten immer noch vieles gemeinsam mit Ländern, in denen persisch oder türkisch gesprochen wurde. Die Länder am Indischen Ozean und um das Mittelmeer standen in enger Verbindung miteinander – ganz gleich, ob der Islam ihre Hauptreligion war oder nicht. Die ganze Welt lebte mit den gleichen Beschränkungen, die ihr die Begrenztheit menschlicher Ressourcen und technischer Kenntnisse über ihren Einsatz auferlegten. Es wäre auch zu vereinfacht, sich das riesige Territorium der islamischen Welt als ein einziges »Land« vorzustellen. Man sollte die Gebiete mit Arabisch als Hauptverkehrssprache besser als eine Gruppe Regionen von unterschiedlicher geographischer Lage und Eigenart sehen. Hier gab es Völker mit einem Erbe ausgeprägter sozialer und kultureller Traditionen; sie hatten überlebt und mit ihnen Lebensweisen, vielleicht auch Gewohnheiten von Denken und Fühlen, selbst wenn das Bewußtsein vom Leben in vorislamischer Zeit nur noch schwach oder praktisch erloschen war. In diesen Regionen lassen sich recht ähnliche Prozesse beobachten; eine gemeinsame Sprache und die darin zum Ausdruck gebrachte Kultur erleichterten den urbanen gebildeten Schichten den Umgang miteinander.

Geographische Unterteilungen

Das Gebiet, in dem Arabisch die Hauptverkehrssprache war, läßt sich – etwas vereinfacht – in fünf Regionen unterteilen. Die erste ist die Arabische Halbinsel, wo die arabischsprachige muslimische Gemeinschaft entstanden war. Die Halbinsel ist eine dreiseitig von der sie umgebenden Welt getrennte Landmasse – vom Roten Meer, dem Arabisch-Persischen Golf und dem Arabischen Meer (ein Teil des Indischen Ozeans); sie ist unterteilt in Gebiete mit unterschiedlichen natürlichen Gegebenheiten, und zu den meisten Zeiten fand dort auch eine unterschiedliche historische Entwicklung statt. Die wesentliche Trennungslinie verläuft parallel zum Roten Meer ungefähr von Norden nach Süden. Auf der Westseite dieser Linie befindet sich ein vulkanisches Felsgebiet. Der flache Küstenstreifen, die Tihama, geht in Hügelland und Hochebenen und danach in Gebirgsketten über – Hedschaz, Asir und Jemen –, deren Gipfel im Süden bis zu viertausend Meter erreichen. Die südliche Gebirgskette verlängert sich nach Südosten und wird von einem großen Tal, dem Wadi Hadramaut, durchschnitten.

Die Berge des Jemen liegen am südlichsten Punkt dieses Gebiets, das von den Monsunwinden des Indischen Ozeans erreicht wird. Hier wurde schon seit langem Frucht- und Getreideanbau betrieben. Weiter nördlich sind die Regenfälle spärlicher und unregelmäßiger; es gibt keine nennenswerten Flüsse; aber Quellen, Brunnen und zeitweilig wasserführende Flußläufe sichern eine begrenzte Wassermenge. Zur nomadischen Lebensweise mit mehr oder weniger regelmäßigen Wanderungen im Jahresverlauf gehörte die Zucht von Kamelen und anderen Tieren, aber auch die Nutzung von Dattelpalmen und Fruchtbäumen in den Oasen mit reichlichem Wasservorkommen. Das nichtseßhafte Leben der Stämme eignete sich am besten zur vollen Ausschöpfung der natürlichen Ressourcen.

Im Osten der Gebirge fällt das Land zum Arabisch-Persischen Golf ab. Im Norden und Süden liegen Sandwüsten (die Wüste Nefud und »das leere Viertel«), dazwischen befindet sich eine Felssteppe, der Nedschd und al-Hasa, ihre Verlängerung an der Golfküste. Abgesehen von einigen hochgelegenen Gebieten im Norden sind die Regenfälle hier spärlich, doch Quellen und periodische Überflutungen ermöglichten den Menschen ein seßhaftes Leben in den landwirtschaftlich genutzten Oasen, und Kamele wurden über große Entfernungen hinweg zu wechselnden Weidegründen getrieben. Im südöstlichen Zipfel der Halbinsel liegt ein drittes Gebiet: Oman; es ist dem Jemen im Südwesten nicht unähnlich. Dort steigt die Küstenniederung zu einem Gebirge von einer Höhe bis über dreitausend Meter an. Quellen und Bäche liefern Wasser, das dank eines alten Bewässerungssystems eine permanente Landwirtschaft möglich machte. An der Küste liegen eine Reihe Häfen, wo die Einheimischen seit alter Zeit Fischerei und Perlentaucherei betrieben. In nordsüdlicher Richtung verlaufende Routen im Westen der Halbinsel waren die Handelswege, die Länder am Indischen Ozean mit den Ländern rund um das Mittelmeer verbanden. Die wichtigsten Karawanenstraßen im Osten führten entlang einer Kette von Oasen nach Syrien und in den Irak. Die Häfen an der Golfküste und in Oman waren Anlaufpunkte für Schiffe, die von der indischen und der ostafrikanischen Küste kamen. Da Lebensmittel und Rohmaterialien nur in geringem Umfang selbst produziert wurden, konnten sich die Häfen und Marktflecken nicht zu großen Städten, zu Macht- und Manufakturzentren entwickeln. Mekka und Medina, die heiligen Städte, lebten von der Freigebigkeit der Nachbarländer.

Im Norden geht die Arabische Halbinsel in ein zweites Gebiet über, den Fruchtbaren Halbmond; es ist das halbmondförmige Land, das sich um den Rand des Hamad oder der Syrischen Wüste zieht, eine nördliche Verlängerung der Steppen und Wüsten des Nefud. Hier gab es alte und hohe Zivilisationen, die im Westen von der römischen und griechischen und im Osten von der iranischen überlagert wurden. In diesem Land und weniger auf der Halbinsel entwickelten sich die Gesellschaft und Kultur islamischer Prägung.

Die westliche Hälfte des Fruchtbaren Halbmondes war für frühere Gelehrte und Reisende »Syrien«. Wie in Westarabien verlaufen die geographischen Grenzen in diesem Gebiet von West nach Ost. Hinter einem flachen Küstenstrich erhebt sich ein Bergland mit dem Libanongebirge in der Mitte, das im Süden zum palästinensischen Hügelland abfällt. Im Osten liegt eine Senke, die Teil des Großen Grabens ist, der sich durch das Tote Meer und das Rote Meer bis nach Ostafrika zieht. Dahinter steigt das Land wieder zu einer großen Hochebene an, die allmählich in die Steppengebiete und die Wüste Hamad übergeht. An manchen Stellen wurde das Wasser des Orontes und kleinerer Flüsse mit Hilfe alter Bewässerungssysteme zur Erhaltung fruchtbarer Oasen genutzt, die besonders in der Gegend der alten Stadt Damaskus liegen. Zum größten Teil hing die Möglichkeit des Ackerbaus jedoch von den Niederschlagsmengen ab. An den Osthängen der Küstenhügel und -berge fällt genügend Niederschlag, um eine normale Landwirtschaft zu ermöglichen – vorausgesetzt, die Hänge der Hügel sind terrassiert; überall sonst sind die Aussichten auf Erträge unsicher und verändern sich von Jahr zu Jahr; auch die Extreme von Hitze und Kälte sind hier größer. Deshalb war es auf den Ebenen im Landesinnern manchmal vorteilhafter, Getreide anzubauen, und dann wieder, Kamele und Schafe zu züchten.

Syrien war eng mit den übrigen Ländern des östlichen Mittelmeeres verbunden – auf dem Seeweg durch seine Häfen und zu Land durch die Küstenstraße, die bis nach Ägypten führte. Im Landesinnern bestand außerdem eine Verbindung nach Westarabien und durch die Wüste oder an ihrem Nordrand entlang zu den Ländern im Osten. Der Fernhandel und die Überschußproduktion von Nahrungsmitteln und Rohmaterialien ließen zwei große Städte entstehen, die im Landesinnern lagen, aber mit der Küste verbunden waren – im Norden Aleppo und in der Mitte Damaskus.

Die Wege durch oder um den Hamad führten in die Flußniederungen von Euphrat und Tigris. Beide Ströme entspringen in Anatolien und fließen ungefähr in südöstliche Richtung; sie nähern sich einander an, trennen sich wieder und vereinigen sich schließlich, ehe sie in den nördlichen Teil des Arabisch-Persischen Golfs münden. Das Land, das sie umschließen, ist in zwei Gebiete unterteilt. Im Norden, der Dscherira – für Reisende und Gelehrte früher das Obere Mesopotamien –, erschwerte es die karge Bodenbeschaffenheit, das Wasser der Ströme für Bewässerung und Getreideanbau zu nutzen, abgesehen von ihrer unmittelbaren Umgebung oder den Ufern ihrer Nebenflüsse. In größerer Entfernung von den Flußläufen schwankt die Niederschlagsmenge erheblich, und der Boden ist mehr oder weniger unfruchtbar. Deshalb entschieden sich die Menschen dort meistens dafür, Kamele, Rinder und Schafe zu züchten. Im Nordosten der Flüsse liegt eine anderes Gebiet, das zum anatolischen Bergland gehört. Es wird nach seinen Bewohnern, den Kurden, häufig Kurdistan genannt. Hier konnte man wie in den Bergtälern an der syrischen Küste Land und Wasser zur Pflanzung von Bäumen in den hochgelegenen Gebieten und weiter unten zum Getreideanbau nutzen. Durch den regelmäßigen Wechsel von den Winterweiden in den Flußtälern zu den Sommerweiden im Hochgebirge fanden auch große Schaf- und Ziegenherden das ganze Jahr über genügend Nahrung.

Weiter südlich im Irak hatte das Land einen anderen Charakter. Durch die Schneeschmelze in den anatolischen Bergen schwellen die Flüsse im Frühjahr an, und die Wassermassen überschwemmen die umliegenden Niederungen. Über viele Jahrtausende hinweg ist durch die abgelagerten Schlammassen ein riesiges Schwemmlandgebiet entstanden – der Sawad. Dort konnte man in großem Maßstab Getreide anbauen und Dattelpalmen pflanzen. Die Bewässerung war hier einfacher als im Norden, denn es gab in der Ebene kaum Erhebungen, und seit alter babylonischer Zeit sorgte ein ausgedehntes Kanalsystem für eine gleichmäßige Verteilung des Wassers den Sawad. Die flache Ebene und das Ausmaß der Überschwemmungen machten jedoch eine regelmäßige Instandhaltung der Kanäle notwendig. Wenn sie nicht gesäubert und ausgebessert wurden, trat das Hochwasser über die Ufer, setzte das umliegende Land unter Wasser, und dann entstanden unfruchtbare Sümpfe. Das Fehlen von Erhebungen erleichterte es den Nomaden, mit ihren Herden in die Flußtäler vorzudringen. Sie nutzten das Land als Weiden, wodurch es dem Ackerbau verloren ging. Sicherheit und Wohlstand des Sawad hing von der Stärke der Regierungen ab, unter deren Schutz das Land stand. Sie bezogen ihrerseits Nahrung, Rohstoffe und Reichtum aus diesem fruchtbaren Gebiet. Im Herzen des Sawad, wo sich Euphrat und Tigris einander näherten, war eine Reihe großer Städte entstanden: Babylon, das Ktesiphon der Sasaniden, und Bagdad, die Hauptstadt der Abbasiden.

Neben den Verbindungswegen mit Syrien und dem Nefud führten Handelswege vom Irak in das iranische Hochland im Osten; allerdings waren die Routen im Süden einfacher als im Norden. Die Flüsse waren auf dem größten Teil ihrer Länge nicht ohne weiteres schiffbar. Aber von dort, wo sie zusammenflossen und in den Golf mündeten, führten Wasserstraßen zu den Häfen des Golfs und des Indischen Ozeans. Basra, die wichtigste Endstation der Schiffe, war einige Zeit der bedeutendste Hafen des Abbasidenreiches.

Im Westen der Arabischen Halbinsel, auf der anderen Seite des Roten Meeres und einer schmalen Landbrücke im Norden, liegt eine Sandwüste und dahinter ein drittes Gebiet – das Niltal. Der Fluß entspringt im Hochland von Ostafrika, verbreitert sich auf seinem Weg nach Norden und wird von Nebenflüssen gespeist, die in den äthiopischen Bergen entspringen. Er durchfließt ein Schwemmlandbecken, das durch Schlammablagerungen über viele Jahrtausende hinweg entstanden ist und sich stellenweise von

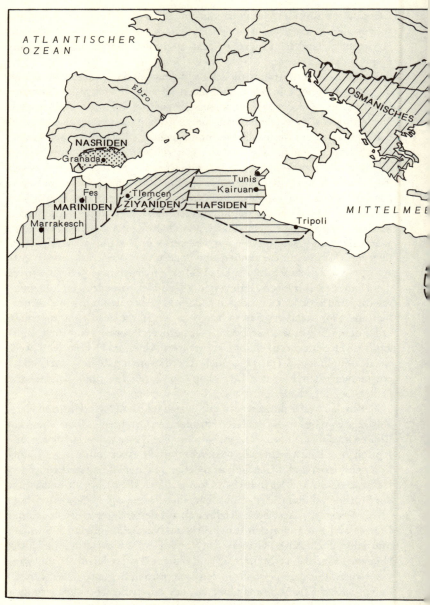

Der Nahe Osten und der Maghreb gegen Ende des 15. Jahrhunderts.

einem schmalen Flußtal zu einer weiten Ebene verbreitert. Im letzten Abschnitt verteilt sich der Nil auf mehrere Arme und fließt durch ein fruchtbares Mündungsdelta ins Mittelmeer. Im Sommer, nach der Schneeschmelze im ostafrikanischen Hochland, steigt der Wasserstand, und der Fluß tritt über die Ufer. Schon seit früher Zeit entnahm man dem Nil mit einfachen technischen Hilfsmitteln – archimedische Schraube, Wasserrad und Eimer am Ende einer Stange – in kleinen Mengen Wasser. Im Norden gab es seit alter Zeit an manchen Orten eine Art Deichsystem: Bei Überschwemmungen wurde Wasser in große Becken mit befestigten Rändern geleitet, wo es einige Zeit stand; wenn der Flußwasserspiegel sank und das Wasser wieder in den Nil sickerte, blieb der fruchtbare Schlamm zurück. Auf diese Weise bewässerte Felder brachten üppige Erträge an Getreide und vielen Feldfrüchten. In der Wüste auf der Westseite des Flußtales befanden sich Oasen mit seßhaften Ackerbauern.

Der nördliche Teil des Niltals ist Ägypten, ein Land mit einer alten Hochkultur und großer sozialer Einheitlichkeit. Sie entstand im Verlauf einer langen Geschichte, in der Herrscher in einer Stadt residierten, die an dem Punkt liegt, wo der Fluß mehrere Arme bildet und das Delta durchfließt. Kairo war die letzte der Stadtgründungen, deren Geschichte bis auf Memphis im dritten vorchristlichen Jahrtausend zurückgeht. Hier war das Zentrum eines Verkehrsnetzes, das nach Norden zu den Mittelmeerhäfen und von dort über das Meer nach Syrien, Anatolien, den Maghreb und Italien, nach Osten zum Roten Meer und zum Indischen Ozean und nach Süden zum Oberlauf des Nils und nach Ost- und Westafrika führte.

Am Oberlauf des Nils war die gesellschaftliche und politische Macht weniger zu spüren, die über das Delta und die Hauptstadt herrschte. Der Nil durchfließt hier ein Gebiet, in dem es praktisch niemals regnet. An seinem Ostufer lag nur ein schmaler Streifen landwirtschaftlicher Nutzfläche. Das flache Land am Westufer ermöglichte die Ausweitung des Agrarlandes mit Hilfe von Bewässerungsanlagen. Im Süden dieses Region ohne Niederschläge schließt sich ein Gebiet mit ausgiebigen sommerlichen Regenfällen an, die von Mai bis September anhalten können. Hier waren Getreideanbau und Viehzucht in einer Zone möglich, die sich westlich über das Flußbecken hinaus ausdehnte und schließlich in eine sandige Halbwüste, beziehungsweise im Süden in weite Gegenden mit immergrüner Vegetation überging. Das war der Sudan, ein Land der Viehzüchter und Bauern, mit Dörfern, Nomadenlagern und Marktflecken, aber ohne große Städte. Durch den Nil war der Sudan mit Ägypten verbunden und über Landwege mit Äthiopien und der Sahelzone am Südrand der Sahara. Von der Wüste im Westen Ägyptens bis hin zur Atlantikküste erstreckt sich eine vierte

Region, die arabisch Maghreb genannt wird; es ist das Land des Westens oder des Sonnenuntergangs. Es umfaßt die heutigen Staaten Libyen, Tunesien, Algerien und Marokko. Das flache Küstenland an Mittelmeer und Atlantik weitet sich stellenweise zu Ebenen – der Sahel in Tunesien und die marokkanische Küstenebene am Atlantik. Hinter diesem Küstenstreifen wird das Land von Gebirgsketten durchzogen: dem Dschebel Achdar in Libyen, den Bergen des nördlichen Tunesien, dem Tell-Atlas und dem Rif in Marokko. Daran schließen sich südlich Hochebenen oder Steppengebiete an, die wiederum in Gebirge übergehen, der Aurés in Algerien und weiter im Westen der Mittlere Atlas und der Hohe Atlas. Im Süden liegen Steppen, die allmählich in der Sahara aufgehen, eine Stein- und Sandwüste mit Palmenoasen. Im Süden der Sahara schließt sich der Sahel oder der Westsudan an, ein Grasland, das durch Regenfälle und den Niger bewässert wird.

Der Maghreb hat nur wenige Flüsse, die sich zur Bewässerung eignen; Menge und Zeitpunkt der Niederschläge regulierten auch Form und Umfang der Besiedlung. In den Küstengebieten und an den Gebirgshängen, die dem Meer zugewandt sind, bringen die vom Mittelmeer oder Atlantik heranziehenden Wolken Regen; hier war der Anbau von Getreide, Oliven, Früchten und Gemüse möglich; in den Höhenlagen überzogen dichte Wälder die Berge. Da im Hochland hinter den Bergen die Regenfälle von Jahr zu Jahr und auch innerhalb des Jahres schwankten, bot sich eine gemischte Nutzung mit Getreideanbau und Weidewirtschaft an. Die Schaf- und Ziegenherden zogen im Rhythmus der Jahreszeiten zu ihren Weideflächen. Die Steppen- und Wüstenregionen im Süden eigeneten sich besser als Weiden. Schaf- und Kamelzüchter trieben im Sommer ihre Herden aus der Wüste nach Norden. Die Sahara war das einzige Gebiet des Maghreb, wo Kamele gezüchtet wurden; die Kamele waren Jahrhunderte vor der Entstehung des Islam dorthin gekommen. Die Sandregionen der Sahara waren kaum bewohnt, aber in anderen Teilen der großen Wüste lebten Viehzüchter und Oasenbauern, die Dattelpalmen und andere Bäume pflanzten.

Auch die wichtigsten Routen, die den Maghreb mit der Außenwelt verbanden, verliefen von Norden nach Süden. Die Häfen an Mittelmeer und Atlantik stellten die Verbindung mit der Iberischen Halbinsel, Italien und Ägypten her. Von diesen Küstenorten führten die Wege nach Süden durch Siedlungsland und eine Kette von Oasen in der Sahara bis zum Sahel und weiter. An gewissen Punkten führten die Wege zu den Küsten durch große Agrargebiete; dort entstanden Städte, die sich selbst versorgten. Zwei dieser Gebiete sind von besonderer Bedeutung. Das eine liegt an der marokkanischen Atlantikküste. In frühislamischer Zeit war dort Fes gegründet worden; sehr viel später und weiter südlich entstand Marrakesch. Das andere Gebiet ist die tunesische Küstenniederung. Die Stadt mit der größten Bedeutung dort war in frühislamischer Zeit Kairuan, später wurde es von Tunis verdrängt, das nahe dem alten Karthago an der Küste liegt. Diese beiden Regionen mit ihren großen Städten strahlten ihre wirtschaftlische, politische und kulturelle Macht auf die umliegenden Gebiete aus. Algerien lag zwischen beiden; es hatte kein besiedeltes Gebiet, das groß und stabil genug gewesen wäre, um die Entstehung eines vergleichbaren Machtzentrums zu ermöglichen. Es geriet vielleicht deshalb eher in den Einflußbereich seiner beiden Nachbarn. Ganz ähnlich erstreckte sich die Macht von Tunis auf das westliche Libyen (Tripolitanien), während die Cyrenaica weiter östlich, die vom übrigen Maghreb durch die Libysche Wüste getrennt war und hier bis an die Küste reicht, mehr in der Einflußsphäre Ägyptens lag.

Das fünfte Gebiet war die Iberische Halbinsel beziehungsweise Andalus, der Teil, der von Muslimen beherrscht und hauptsächlich von Muslimen bewohnt wurde (seine größte Ausdehnung erreichte es im elften Jahrhundert, verlor aber allmählich an Größe und verschwand am Ende des fünfzehnten Jahrhundert völlig). In mancher Hinsicht glich es Syrien, denn es setzte sich aus kleineren, mehr oder weniger voneinander abgeschnittenen Regionen zusammen. Das Innere der Iberischen Halbinsel ist eine ausgedehnte, von Randgebirgen eingeschlossene und durchzogene Hochebene. Von diesen Gebirgen fließt eine Reihe von Flüssen durch die Niederungen zur Küste: Der Ebro mündet in das nördliche Mittelmeer, der Tejo fließt durch Portugal in den Atlantik, und der Guadalquivir mündet weiter im Süden ebenfalls in den Atlantik. Zwischen den Gebirgen, die sich um das zentrale Hochplateau und am Mittelmeer entlangziehen, liegt im Norden das bergige Katalonien, und im Süden erstrecken sich Ebenen. Klimatische Unterschiede und uneinheitliche Niederschlagsmengen sorgten für eine unterschiedliche Vegetation und entsprechend andere Nutzungsmöglichkeiten. Im kühlen Klima der hohen Berge gab es Korkeichen-, Eichen- und Kiefernwälder und dazwischen Weide- und Ackerbaugebiete, wo Getreideanbau und Viehzucht möglich war. Die zentrale Hochebene mit ihrem extremen Klima eignete sich für eine gemischte Nutzung, den Anbau von Getreide und Oliven und als Weideland für Schafe und Ziegen. In den warmen Flußtälern und Küstenniederungen gediehen Citrusfrüchte und andere Obstarten. In den reichen und fruchtbaren Anbaugebieten in der Nähe schiffbarer Flüsse lagen die großen Städte – Cordoba und Sevilla.

Spanien war Teil der mediterranen Welt, und die Häfen der Ostküste verbanden es mit den anderen Mittelmeerländern: Italien, dem Maghreb,

ANDERE GLAUBENSGEMEINSCHAFTEN   133

Ägypten und Syrien. Von größter Bedeutung waren die Verbindungen mit Marokko, seinem südlichen Nachbarn; die schmale Meerenge, die beide Landmassen trennte, stellte für Handel, Wanderung und neue Ideen, aber auch für Invasionsarmeen kein Hindernis dar.

Muslimische Araber und andere Glaubensgemeinschaften

Im elften Jahrhundert war der Islam die Religion der Herrscher, der Oberschichten und eines wachsenden Teils der Bevölkerung. Aber es ist nicht sicher, ob er irgendwo außerhalb der Arabischen Halbinsel die Religion einer Mehrheit war. Gleichermaßen war Arabisch die Kultursprache und in hohem Maß die Sprache der städtischen Bevölkerung, aber es hielten sich auch andere Sprachen aus der Zeit vor der muslimischen Eroberung. Im fünfzehnten Jahrhundert hatte der arabische Islam die gesamte Region überzogen. Es war meist der Islam sunnitischer Prägung, obwohl es auch noch Anhänger der in früheren Jahrhunderten entstandenen Richtungen gab. In Südostarabien und an den Rändern der Sahara fanden sich Gemeinden der Ibaditen, die ihre geistige Abstammung auf die Charidschiten zurückführten, die nach der Schlacht von Siffin die Führerschaft Alis abgelehnt und im Irak und dem Maghreb gegen die Herrschaft der Kalifen rebelliert hatten. Im Jemen bekannten sich große Teile der Bevölkerung zur zaiditischen Schia. Die »Zwölfer« und die Isma'iliten waren im zehnten Jahrhundert im Osten der arabischen Welt dominante schiitische Sekten gewesen; inzwischen hatten sie viel von ihrem früheren Einfluß verloren; die »Zwölfer« waren nach wie vor in Teilen des Libanon weit verbreitet, im Südirak, wo sich ihre wichtigsten Schreine befanden, und an der Westküste des Arabisch-Persischen Golfs. Ismai'liten hielten sich in einigen Gebieten des Jemen, in Iran und in Syrien, wo es ihnen an verschiedenen Orten gelungen war, den sunnitischen Herrschern Widerstand zu leisten – den Aiyubiden in Syrien und den Seldschuken weiter im Osten. (Durch Berichte über ihre Aktivitäten, die in der Zeit der Kreuzzüge nach Europa drangen, entstand der Name »Assassinen«. In arabischen Quellen finden zwar sich keine Angaben, doch es wurde behauptet, sie lebten unter der Herrschaft des »Alten vom Berge«.) In Syrien fanden sich auch Anhänger anderer schiitischer Sekten, die Drusen und die Nusairier. Im Nordirak gab es daneben die Yaziden, deren Religion sich aus christlichen und islamischen Elementen zusammensetzte, und im Südirak die Mandäer, deren Glauben auf ältere religiöse Vorstellungen und Praktiken zurückging.

Im zwölften Jahrhundert waren die christlichen Kirchen des Maghreb praktisch verschwunden; ein Großteil der Bevölkerung in den muslimischen Reichen von Andalus gehörten der römisch-katholischen Kirche an. Koptische Christen stellten noch bis zum fünfzehnten Jahrhundert ein bedeutendes Element der ägyptischen Bevölkerung, obwohl ihre Zahl durch Übertritte zum Islam abnahm. Weiter im Süden, im Sudan, war das Christentum im fünfzehnten oder sechzehnten Jahrhundert ausgelöscht, da sich der Islam über das Rote Meer und am Nil entlang ausbreitete. In ganz Syrien und im Nordirak hielten sich christliche Gemeinden, allerdings in beschränktem Maße. Hauptsächlich in den Städten gab es Mitglieder der griechisch-orthodoxen Kirche, andere waren Angehörige von Sekten, die als Folge der Kontroversen über die Natur Christi entstanden waren: die syrisch-orthodoxe Kirche oder die Monophysiten und die Nestorianer. Im Libanon und anderen Teilen Syriens gab es eine vierte Sekte, die Maroniten; sie hatten die monotheletische Doktrin vertreten, seit dem zwölften Jahrhundert jedoch, als die Kreuzfahrer die syrische Küste beherrschten, hatten sie die Doktrin der römisch-katholischen Kirche übernommen und erkannten das Supremat des Papstes an.

Das Judentum war in der Welt des arabischen Islam sogar noch weiter verbreitet. Im Maghreb war in vorislamischer Zeit ein Großteil der bäuerlichen Landbevölkerung zum Judentum bekehrt worden, und es gab dort, sowie im Jemen und gebietsweise im Fruchtbaren Halbmond immer noch ländliche jüdische Gemeinden. Auch in den meisten Städten der Region fand man Juden; sie spielten eine bedeutende Rolle in Handel, Produktion, Geldwesen und Medizin. In der Mehrzahl waren sie Anhänger der orthodoxen Richtung und lebten streng nach den mündlich überlieferten Gesetzen und deren Auslegung im Talmud und durch Talmudgelehrte. In Ägypten, Palästina und anderswo gab es jedoch auch Karaiten, die den Talmud nicht anerkannten. Sie folgten eigenen, von ihren Lehrern aus der Schrift abgeleiteten Gesetzen.

Ein Großteil der jüdischen Gemeinschaften sprach um diese Zeit bereits arabisch, allerdings in eigenen Formen; Hebräisch wurde immer noch für liturgische Zwecke benutzt. Auch unter den Christen im Fruchtbaren Halbmond, in Ägypten und Spanien hatte sich das Arabische verbreitet; Aramäisch und Syrisch nahmen als Verkehrs- und Schriftsprachen an Bedeutung ab, fanden aber in der Liturgie noch immer Verwendung; in Ägypten diente das Koptische im fünfzehnten Jahrhundert praktisch nur noch religiösen Zwecken. Viele Christen in Andalus hatten Arabisch als Verkehrssprache übernommen, doch ihre überlieferten romanischen Sprachen hatten überlebt und begannen wieder aufzublühen. An den Rändern der arabischen Flut, in Gebirgen und Wüstengebieten, sprach man andere Sprachen: Kurdisch in den Bergen des Nordirak, Nubisch im Norden des Sudan und mehrere andere Sprachen im Süden; Berberdialekte hielten sich in den Bergen des Maghreb und in der Sahara. Kurden und Berber waren jedoch Muslime, und soweit ihnen Bildung vermittelt wurde, geschah dies in der arabischen Sprache.

Kapitel 6

Die ländlichen Gebiete

Das Land und seine Nutzung

Die Länder, die sich in einer Linie von der Atlantikküste bis zum Indischen Ozean ziehen, hatten nicht nur eine dominierende Religion und Kultur, auch ihre Umwelt hatte gewisse Gemeinsamkeiten, zum Beispiel das Klima, geographische Besonderheiten, Bodenbeschaffenheit und Vegetation. Es ist manchmal behauptet worden, die Religion des Islam eigne sich ganz besonders für eine bestimmte Umgebung oder sie habe diese Umgebung sogar geschaffen, und eine Voraussetzung für muslimische Gesellschaften sei die Wüste oder zumindest eine bestimmte Beziehung zwischen Wüste und Stadt. Solche Theorien sind jedoch gefährlich; es gibt Länder mit einem anderen Klima und einer andersartigen Gesellschaft, etwa Teile von Süd- und Südostasien, wo sich der Islam ausgebreitet und wo er Wurzeln geschlagen hat. Deshalb empfiehlt es sich, die Religion und die Umwelteinflüsse und -bedingungen getrennt zu betrachten.

Es lassen sich gewisse generelle Aussagen über das Klima der meisten Länder machen, deren Religion zu dieser Zeit im wesentlich der Islam und deren Sprache das Arabische war. Die Küste, wo die Meereswinde auftreffen, hat ein feuchtes Klima, das Landesinnere ein »Kontinentalklima« mit großen Unterschieden zwischen Tag- und Nachttemperaturen und zwischen Sommer und Winter. Überall ist der Januar der kälteste Monat, im Juni, Juli und August dagegen ist es am heißesten. In manchen Regionen gibt es regelmäßige, reiche Niederschläge. Meist liegen diese Gebiete an der Küste oder an den dem Meer zugewandten Gebirgshängen. Die über das Meer heranziehenden Wolken regnen sich an den Bergen ab: am Atlas an der marokkanischen Atlantikküste, am Rif, dem Gebirge im Osten Algeriens und Norden Tunesiens, und am Cyrenaicamassiv an der Südküste des Mittelmeeres; an seiner Ostküste sind es die Berge des Libanon und weiter im Innern die des nordöstlichen Irak. In Südwestarabien bringen

DAS LAND UND SEINE NUTZUNG 137

Wolken vom Indischen Ozean den Regen. Hier fällt die Regenzeit in die Sommermonate, in die Zeit der Monsunwinde; in den anderen Gebieten regnet es meist von September bis Januar. Die Niederschlagsmenge in der Monsunregion liegt durchschnittlich bei mehr als 500 mm im Jahr, an manchen Stellen weit darüber.

Auf den Ebenen und Hochplateaus hinter den Küstengebirgen ist die Niederschlagsmenge geringer; im Jahresdurchschnitt liegt sie bei 250 mm. Die Durchschnittsangaben können jedoch täuschen; in den Gebieten des Landesinneren schwankt die Niederschlagsmenge von Monat zu Monat und von Jahr zu Jahr erheblich. Das kann Folgen für die Landwirtschaft haben; in manchen Jahren gibt es kaum Regenfälle, und dann fallen die Ernten aus.

Neben diesen Zonen mit beträchtlichen, wenn auch unregelmäßigen Niederschlägen liegen andere, wo nur sehr viel weniger oder kaum Regen fällt; manche dieser Regionen befinden sich in Küstennähe – zum Beispiel in Unterägypten, wo keine Berge die Regenwolken aufhalten –, andere weit im Landesinneren. Die jährliche Niederschlagsmenge kann hier zwischen Null und 250 mm schwanken. Die meisten Gebiete sind jedoch nicht völlig wasserlos. Selbst in Teilen der Arabischen Wüste und der Sahara gibt es Quellen und Brunnen, die von gelegentlichen Regenfällen oder von Grundwasser gespeist werden, das sich am Fuß der Gebirgsketten in Meeresnähe sammelt und sich einen unterirdischen Weg bahnt. An anderen Stellen wird das trockene Land vielleicht von Flüssen bewässert, die Regenwasser von fernen Bergen heranbringen. Viele dieser Flüsse sind Wadis, die im Sommer austrocknen und sich nur während der Regenzeit füllen. Andere führen ständig Wasser, wie die Flüsse, die in Spanien, an der marokkanischen Atlantikküste, in Algerien und Syrien in den Bergen entspringen und zum Meer fließen; außerdem gibt es natürlich die beiden großen Flußsysteme, die der Nil, der Euphrat und der Tigris bilden.

Sie ermöglichen das Leben in den großen Flachlandgebieten, die sie durchfließen; aber sie haben einen unterschiedlichen Überflutungsrhythmus. Der Nil und seine Nebenflüsse bringen das Wasser von Niederschlägen im äthiopischen und ostafrikanischen Hochland in die Ebene; diese Niederschläge fallen im Frühjahr und Sommer und verursachen eine Folge von Überschwemmungen – zuerst im Weißen Nil und dann im Blauen Nil und seinen Nebenflüssen. Die Fluten erreichen Ägypten im Mai und steigen weiter an, bis zu ihrem Höhepunkt im Spetember; danach gehen sie zurück, und im November ist das Hochwasser wieder gesunken. Im anatolischen Hochland, wo Euphrat und Tigris entspringen, schmilzt im Frühjahr der Schnee. Im Tigris wälzen sich diese Wassermassen von März bis

Mai, im Euphrat etwas später ins Tiefland; in beiden Fällen sind die Fluten so gewaltig, daß die Ströme über die Ufer treten und mehrmals ihren Lauf geändert haben. Im Süden des Irak hatten sich durch das Absinken des Landes in der Zeit vor dem Aufkommen des Islam ausgedehnte Sümpfe gebildet.

Unterschiede der geographischen Beschaffenheit, der Temperatur und Wasserversorgung haben gemeinsam dazu beigetragen, daß auch ein unterschiedlicher Boden entstand. In den Küstenebenen und an den Berghängen über dem Meer ist die Erde fruchtbar; in den Bergen muß sie jedoch durch Terrassenanlagen gehalten werden, wenn sie während der Regenzeit nicht weggeschwemmt werden soll. Auf den Ebenen im Landesinnern ist die Erde magerer, aber immer noch fruchtbar. Dort, wo diese Ebenen allmählich in Steppen und Wüsten übergehen, verändert sich der Charakter des Landes. Erdansammlungen an Stellen, wo es reichlich Grundwasser gibt, sind umgeben von Fels- und Steingebieten, Vulkanmassiven und Sanddünen, wie die des »Leeren Viertels« und der Nefud in Arabien und den Ergregionen der Sahara.

Seit urdenklichen Zeiten hat der Mensch überall dort, wo Erde und Wasser vorhanden waren, Früchte, Getreide und Gemüse angebaut. Aber manche Arten stellen bestimmte Anforderungen. Drei Wachstumsgrenzen waren von besonderer Bedeutung. Die erste galt für die Anpflanzung von Olivenbäumen; Oliven lieferten Nahrung und Öl zum Kochen, das Holz der Bäume wurde verbrannt. Olivenbäume wachsen in sandiger Erde überall dort, wo die jährliche Niederschlagsmenge über 180 mm liegt. Die zweite betraf den Anbau von Weizen und anderem Getreide für den menschlichen Bedarf oder auch als Tierfutter. Dazu ist eine jährliche Niederschlagsmenge von mehr als 400 mm oder die Bewässerung der Felder aus Flüssen oder Quellen erforderlich. Die dritte Anbaugrenze bezog sich auf Dattelpalmen, die nur bei einer Minimaltemperatur von 16° Celsius Früchte tragen, aber in wasserarmen Gebieten gedeihen. Des Vorhandensein von genügend Wasser und Vegetation ermöglichte die Nutzung als Weideland und Ackerfläche. Schafe und Ziegen brauchten Weiden, die nicht zu weit auseinderlagen; Kamele konnten große Entfernungen zwischen ihren Weidegründen zurücklegen und mußten weniger regelmäßig getränkt werden.

Infolge der Verschiedenheiten der natürlichen Bedingungen waren der Mittlere Osten und der Maghreb schon vor den islamischen Anfängen in bestimmte große Produktionsgebiete unterteilt, die zwischen zwei Extremen lagen. Einerseits gab es Regionen, die jederzeit landwirtschaftlich nutzbar waren: die Küstenniederungen, wo man Oliven pflanzen konnte.

die Ebenen und Täler, in denen Getreide angebaut wurde, und Oasen mit Palmen. Dort wurde überall auch Obst- und Gemüsebau betrieben; als der Islam sich vom Indischen Ozean bis zum Mittelmeer ausbreitete, führte das unter anderem auch zum Anbau neuer Arten von Nutzpflanzen. In dem riesigen Gebiet gab es Weiden für Rinder, Schafe und Ziegen; die Gebirgswälder mit ihrer Vielfalt an Bäumen lieferten Holz, Galläpfel, Harze und Kork. In anderen Regionen dagegen erlaubten ein geringes Wasservorkommen und spärliche Vegetation nur die Zucht von Kamelen oder anderen Tieren, und zum Überleben waren ausgedehnte jährliche Herdenwanderungen notwendig. Zwei dieser Gebiete hatten eine besondere Bedeutung: die Arabische Wüste und ihre nördliche Verlängerung, die Syrische Wüste, wo die Kamelzüchter den Winter im Nefud verbrachten und im Sommer in den Nordwesten nach Syrien oder in den Nordosten in den Irak zogen, und die Sahara, wo sie von der Wüste auf die Hochebenen oder zum Südrand des Atlas wanderten.

Zwischen diesen beiden Gegensätzen – Gebiete mit dem mehr oder weniger sicheren und ruhigen Leben der Ackerbauern und denen mit dem erzwungenen Nomadentum der Viehzüchter – lagen andere Regionen, in denen Ackerbau zwar möglich, allerdings unsicherer war, und wo man Land und Wasser auch dazu nutzen konnte, um Herden zu weiden. Das galt besonders für die Randzonen der Wüsten, wo nur in unregelmäßigen Abständen Regen fiel: die syrische Steppe, das Tal des Euphrat, die Ränder des Nildeltas und anderer bewässerter Gebiete des Niltals, die Bergsteppen Kordofan und Darfur im Sudan, und die Hochebenen und der Sahara-Atlas im Maghreb. Unter bestimmten Umständen konnte beinahe jedes Ackerbaugebiet zum Weideland werden, wenn es nicht durch seine geographische Beschaffenheit vor den Nomaden geschützt war. Die Viehzüchter der Sahara drangen zum Beispiel nie in den Hohen Atlas in Marokko vor.

Es wäre deshalb zu einfach, das Land in Regionen zu unterteilen, in denen seßhafte Bauern Ackerbau betrieben, und in andere, wo Nomaden ihre Herden weideten. Mischformen zwischen dem seßhaften und dem nomadischen Leben waren die Regel; es gab viele Möglichkeiten zur Nutzung des Landes. In manchen Regionen übten seßhafte Sippen oder Stämme die Kontrolle über ganze Gebiete aus; dort weideten nur ihre eigenen Herden unter Aufsicht von Hirten. In anderen nutzten Ackerbauern und Schafzüchter das Land gemeinsam. Daneben gab es Gebiete mit Stämmen, die mit ihren Herden vom Flachland zu den Bergweiden zogen, zu bestimmten Zeiten jedoch das Land auch bewirtschafteten. Und es gab Regionen mit einer rein nomadischen Bevölkerung, die vielleicht Siedlungen in Oasen oder am Wüstenrand unter ihre Befehlsgewalt gebracht hatten, wo Bauern für sie arbeiteten.

Man kann nicht sagen, daß zwischen »Stadt und Wüste« uralte und unüberwindliche Gegensätze bestanden und daß die einen das Land bestellten und die anderen mit ihren Herden von Ort zu Ort zogen. Seßhafte Pflanzer und nomadische Viehzüchter brauchten einander für den Austausch der Güter, die sie zu verkaufen hatten. Die Viehzüchter konnten nicht die ganze Nahrung produzieren, die sie brauchten – weder Getreide noch Datteln –, und die seßhafte Bevölkerung war nicht nur auf das Fleisch, die Häute und die Wolle der von den Nomaden gezüchteten Tiere angewiesen, sondern auch auf Kamele, Maultiere und Esel als Last- oder Reittiere. In Regionen, in denen beide Gruppen nebeneinander lebten, benutzten sie das gleiche Wasser und dasselbe Land mit seiner Vegetation und mußten möglichst akzeptable und dauerhafte Abkommen miteinander treffen.

Die Symbiose von Bauern und Nomaden war jedoch unstabil und neigte zu Veränderungen zugunsten der einen oder der anderen Seite. Einerseits verschaffte den Nomaden die Unstetigkeit und Härte ihres Lebens oft eine Vormachtstellung. Das galt besonders für die Beziehung zwischen den Kamelzüchternomaden der Wüste und den Oasenbewohnern. In manchen Oasen, die an wichtigen Handelswegen lagen, gab es eine Händlerschicht, unter deren Aufsicht die Märkte und Dattelpalmen standen, aber in anderen lag die Kontrolle über das Land bei den Herdenbesitzern; sie ließen die Felder von Bauern oder von Sklaven bearbeiten. In den Randzonen der Wüsten waren die Viehzüchter mitunter sogar stark genug, um von den Siedlungen eine Art Tribut oder *chuwa* zu erheben. Die ungleichen Beziehungen kamen in der Kultur der arabischen Nomaden in einer bestimmten hierarchischen Auffassung von der ländlichen Welt zum Ausdruck. Die Nomaden besaßen in ihrer eigenen Vorstellung eine Freiheit, einen Adel und eine Ehre, die Bauern, Kaufleuten oder Handwerkern fehlten. Andererseits gab es vielleicht Kräfte, die die Freiheit und die Stärke der Nomaden beschnitten und sie dazu brachten, seßhaft zu werden, wenn sie in die Ebenen oder Steppengebiete kamen.

Wenn die Symbiose tiefgreifend gestört wurde, so beruhte das nicht auf den ständigen Streitigkeiten zwischen den beiden Gesellschaftsformen, sondern hatte andere Gründe. Im Laufe der Jahrhunderte mag es zu Veränderung in Klima und Wasserversorgung gekommen sein. Für die zunehmende Austrocknung der Sahararegion über einen langen Zeitraum hinweg liegen viele Beweise vor. Die Nachfrage nach Erzeugnissen des Landes und der Wüste schwankte. Manchmal herrschte ein größerer oder geringerer Bedarf an Olivenöl, Getreide, Häuten, Wolle, Fleisch oder Lastkamelen. Zeitweise erreichte die Überbevölkerung unter den Nomaden kritische Ausmaße, denn sie führten im großen und ganzen ein gesünderes Leben als die Dorfbevölkerung; deshalb vermehrten sie sich stärker, als es ihre Versorgungsmöglichkeiten erlaubten. Von Zeit zu Zeit gab es politische Veränderungen; starke Herrscher neigten dazu, die Agrargebiete auszudehnen, aus denen sie die Nahrung für die Städte und Steuern für den Unterhalt ihrer Armeen bezogen.

Die arabische Eroberung der umliegenden Länder in frühislamischer Zeit war keine nomadische Flutwelle, die die seßhafte Welt überschwemmte und die alte Symbiose zerstörte. Arabische Armeen waren kleine Truppenverbände verhältnismäßig disziplinierter Krieger unterschiedlicher Herkunft. Ihnen folgten, zumindest im Irak und Iran, große Kontingente arabischer Viehzüchter, deren Zahlen nicht zu schätzen sind. Die neuen Herren waren jedoch an der Erhaltung der organisierten Landwirtschaft und damit des Systems von Abgaben und öffentlichen Einkünften interessiert. Die früheren Grundbesitzer wurden entweder enteignet oder gingen in der neuen herrschenden Klasse auf, aber die Bauernschaft blieb; Soldaten und Einwanderer wurden auf dem Land oder in den neugegründeten Städten angesiedelt. Von Chorasan und Transoxanien im Osten bis nach Andalus im Westen verrät das Wachstum von Städten zu einer bis dahin ungekannten Größe das Vorhandensein besiedelter ländlicher Gebiete, die groß und produktiv genug waren, um die Städte mit Nahrungsmitteln zu versorgen. Andererseits führten die Zunahme des Fernhandels innerhalb des riesigen muslimischen Reiches und die jährliche Wallfahrt nach Mekka zu einem steigenden Bedarf an Kamelen und anderen Reit- und Lasttieren.

Erst später, ab dem zehnten oder elften Jahrhundert, kam es zu einer Störung der Symbiose. An den Rändern des muslimischen Welt sickerten Nomadengruppen ein, die das Bevölkerungsgleichgewicht veränderten. Türkische Nomadenstämme drangen nach Iran und in die vor kurzem eroberten Gebiete Anatoliens vor und verschoben das Kräftegleichgewicht. Diese Bewegung setzte sich während und nach der Mongoleninvasion fort. Im fernen Westen zogen Berber aus dem Atlas und von den Rändern der Sahara nach Norden, nach Marokko und Andalus. In den Kerngebieten der muslimischen Welt mag jedoch eine andere Entwicklung stattgefunden haben. Eine Studie über eine Region gibt darüber Aufschluß.[1] Es handelt sich um die Region am Diyala, einem Nebenfluß des Tigris, in der großen, bewässerten Ebene des Südirak, die Bagdad mit Nahrungsmitteln und Rohstoffen für seine riesige Bevölkerung belieferte. Das seit babylonischer

Zeit ausgebaute Bewässerungssystem verlangte eine Regierung, die stark genug war, die Bewässerungsanlagen zu schützen und zu pflegen. Eine solche Regierung gab es in der frühen Periode der Abbasiden; damals war das System nach seinem Zerfall am Ende der Sasanidenherrschaft instandgesetzt und wiederhergestellt worden. Im Laufe der Jahrhunderte änderte sich jedoch die politische Lage. Bagdad wurde eine große und mächtige Stadt und ein wichtiges Handelszentrum. So ist es nicht verwunderlich, daß ein größerer Teil der auf dem Lande erwirtschafteten Überschüsse in die Stadt selbst flossen und nicht für die Erhaltung der ländlichen Gebiete eingesetzt wurden. Als die Schwäche der Zentralregierung immer augenscheinlicher wurde, fiel die Kontrolle über diese Region in die Hände von Statthaltern oder Steuereinnehmern, die natürlich kein so nachhaltiges Interesse an der Instandhaltung der Bewässerungsanlagen hatten. Möglicherweise führten aber auch ökologische Veränderungen zu der Entstehung großer Sumpfgebiete. Das über die Jahrhunderte hinweg bewährte und gepflegte Bewässerungssystem zerfiel allmählich. Der Landbevölkerung fehlten die Mittel, es selbst in Ordnung zu halten; infolgedessen strömte weniger Wasser in die Kanäle, landwirtschaftlich genutzte Flächen wurden aufgegeben und in Weideland umgewandelt.

Das Vordringen der Viehzüchternomaden mag also eine Folge des Niedergangs der Landwirtschaft und nicht ihre Ursache gewesen sein. Im Maghreb hat möglicherweise eine andere Entwicklung stattgefunden. Nach einer Theorie, die vielleicht von Ibn Chaldun stammt, haben moderne Historiker den Niedergang des seßhaften Lebens der Zuwanderung einiger arabischer Stämme im elften Jahrhundert, insbesondere der Banu Hilal zugeschrieben. Man glaubt, daß ihre Raubzüge und Plünderungen die gesamte spätere Geschichte des Maghreb entscheidend beeinflußt haben, da sie die starken Regierungen, die Hüter des seßhaften Lebens, stürzten und das Agrarland in Weiden umwandelten. Die ansässige Bevölkerung selbst ging in dieser Flutwelle arabischer Einwanderer unter. Neue Forschungen haben jedoch gezeigt, daß dieser Vorgang nicht so einfach war. Gruppen der Banu Hilal drangen tatsächlich in der ersten Hälfte des elften Jahrhunderts von Ägypten nach Tunesien vor. Das stand im Zusammenhang mit dem Versuch der Fatimiden, die Ziriden zu schwächen, eine örtliche Herrscherdynastie in Kairuan, die Vasallen der Fatimiden gewesen waren, deren Herrschaft sie jedoch abgeschüttelt hatten. Die Ziriden verloren durch einen Rückgang des Handels in Kairuan an Stärke, und ihr Reich zerfiel in kleinere Fürstentümer mit Provinzstädten. Möglicherweise halfen das Schwinden der alten Regierungsautorität und der Niedergang des Handels den Nomaden, in das politische Vakuum vorzustoßen. Ihre Expansion führte ohne Zweifel bei der Landbevölkerung zu Zerstörung und Unordnung, aber es weist nichts darauf hin, daß die Banu Hilal ein seßhaftes Leben grundsätzlich ablehnten, denn sie unterhielten zu anderen Dynastien gute Beziehungen. Wenn sich das Gleichgewicht auf dem Lande in dieser Zeit zugunsten der Nomaden verschob, mag das andere Ursachen gehabt haben. Dieser Vorgang scheint weder überall stattgefunden zu haben, noch von Dauer gewesen zu sein. Teile Tunesiens erholten sich, als die Almohaden und ihre Nachfolger, die Hafsiden, wieder eine starke Herrschaft errichteten. Das Vordringen der Nomaden, soweit es dazu kam, war deshalb möglicherweise eine Auswirkung und nicht der Grund für das Ende der ländlichen Symbiose. Offenbar waren die Banu Hilal auch nicht so zahlreich, daß durch ihre Zuwanderung die Berberbevölkerung durch Araber ersetzt worden wäre. Seit dieser Zeit kam es allerdings tatsächlich zu einer weiten Verbreitung der arabischen Sprache, und damit entstand die Vorstellung von einer Verbindung der ländlichen Völker des Maghreb mit denen der Arabischen Halbinsel. Aber das lag weniger an der Ausbreitung der arabischen Stämme als an der Assimilation der Berber.[2]

Stammesgesellschaften

Die Geschichte der ländlichen Gegenden in diesen Jahrhunderten ist nie geschrieben worden und kann kaum geschrieben werden, denn es fehlen die wesentlichsten Quellen. Für die osmanische Zeit finden sich solche Quellen in den großen osmanischen Archiven, mit deren Erforschung erst jetzt begonnen wurde. Für die neuere Zeit lassen sich Dokumente durch direkte Beobachtung ergänzen. Es ist gefährlich, von dem, was vor zwei oder dreihundert Jahren vorhanden war, und dem, was heute vorhanden ist, darauf zu schließen, was Jahrhunderte vorher vorhanden gewesen sein könnte. Es hilft uns vielleicht jedoch, Ereignisse und Vorgänge jener Zeit zu verstehen, wenn wir mit unserem Wissen über spätere Zeiten den »Idealtyp« einer ländlichen Gesellschaft konstruieren, wie sie in einer geographischen Umgebung wie der des Nahen Ostens und des Maghreb ausgesehen haben könnte.

Ohne Störungen und Eingriffe führten die ökonomischen und gesellschaftlichen Prozesse in solchen ländlichen Gegenden oft zu einer Gesellschaftsform, die man als »tribal« bezeichnet; und so muß als erstes gefragt werden, was man unter einem Stamm versteht.

Die fundamentale Einheit in Nomaden- und Dorfgemeinschaften war die Kernfamilie von drei Generationen: Großeltern, Eltern und Kinder lebten in einem aus Steinen, Lehmziegeln oder einem anderen lokalen Baumaterial errichteten Haus im Dorf oder in den gewebten Zelten der Nomaden. Die Männer kümmerten sich um die Landarbeit oder versorgten die Herden; die Frauen bereiteten die Mahlzeiten, hielten Häuser oder Zelte sauber und übernahmen die Erziehung der Kinder, aber sie halfen auch auf den Feldern oder bei den Herden. Kontakte zur Außenwelt waren ausschließlich den Männern vorbehalten.

Man darf annehmen, daß die Werte, die in dem Begriff »Ehre« zum Ausdruck kommen, seit urdenklichen Zeiten Geltung besitzen. Einen Ehrenkodex, den die Sozialanthropologen eingehend untersucht haben, gab es auf dem Land und in den Teilen der Bevölkerung, die nicht stark von den konventionellen städtischen Religionen beeinflußt sind. Man kann deshalb sagen, daß die Frauen der Dörfer und Steppen zwar nicht verschleiert gingen oder in aller Form unterdrückt wurden, aber doch in wesentlichen Punkten den Männern untergeordnet waren – das geschah in vielen Abwandlungen und in Relation zu Zeit und Ort. Nach weit verbreitetem Brauch, allerdings nicht nach islamischem Gesetz, gehörte der Grundbesitz den Männern und wurde von ihnen an ihre männlichen Nachkommen vererbt: »Söhne sind der Reichtum des Hauses.« Die Ehre des Mannes verlangte, daß er seinen Besitz verteidigte und die Ansprüche der Mitglieder seines Haushaltes oder seiner Sippe oder einer größeren Gruppe, der er angehörte, erfüllte; die Zugehörigkeit zu einem größeren Ganzen gereichte dem Einzelnen zur Ehre. Die Frauen der Familie – Mutter und Schwestern, Ehefrauen und Töchter – standen unter seinem Schutz, aber sie konnten seine Ehre beflecken – durch mangelnde Keuschheit oder durch ein Verhalten, das bei Männern, die keine Ansprüche auf sie hatten, Gefühle weckten, die die soziale Ordnung in Frage stellten. In die Achtung eines Mannes vor seinen Frauen mischte sich deshalb unter Umständen ein gewisser Argwohn oder sogar Furcht, da sie eine Gefahrenquelle darstellen konnten. Eine Studie über Beduinenfrauen in der westägyptischen Wüste berichtet von Gedichten und Liedern, die Frauen untereinander austauschen. Darin werden persönliche Gefühle und eine Liebe ausgedrückt, die stärker sein kann als eingegangene Verpflichtungen; verbotene Grenzen werden überschritten und Zweifel an der Gesellschaftsordnung erwachen, die für diese Frauen Gültigkeit hat und die sie formell akzeptieren:

> Er nahm deine Arme, die ausgestreckt auf dem Kissen lagen,
> vergaß seinen Vater und dann seinen Großvater.[3]

Wurde eine Frau älter, konnte sie jedoch als Mutter von Söhnen oder als Hauptfrau (wenn es mehr als eine Ehefrau gab) eine größere Autorität über die jüngeren Frauen der Familie gewinnen, aber auch über Männer. In den meisten Fällen war eine Kernfamilie weder wirtschaftlich noch gesellschaftlich autark. Sie konnte auf zwei Arten in eine größere Einheit integriert sein: Einmal in die Sippe, die Gruppe der Verwandten, die ihre Abstammung vier oder fünf Generationen weit auf einen gemeinsamen Vorfahren zurückführten oder behaupteten, es zu können. Von dieser Gruppe konnten die Angehörigen im Notfall Hilfe erwarten, und sie waren zu Rache verpflichtet, wenn eines ihrer Miglieder angegriffen, verletzt oder getötet wurde.

Die zweite Einheit entstand durch dauerhafte ökonomische Interessen. Für alle, die das Land bestellten und seßhaft waren, bildete das Dorf – oder in einem großen Dorf, wie es in den Ebenen und Flußtälern der Fall sein konnte, das »Viertel« – eine solche Einheit. Selbst bei Uneinigkeiten zwischen den Sippen mußten Übereinkünfte über die Landnutzung getroffen werden. Mancherorts geschah das durch eine grundsätzliche Aufteilung des Bodens unter die Familien, wobei Weideflächen Gemeinschaftsbesitz blieben; in anderen Fällen kam es zu einer periodischen Aufteilung, so daß jede Familie einen Anteil erhielt, den sie bearbeiten konnte (das *muscha*-System). In bewässerten Landstrichen mußten außerdem Absprachen über die Wasserverteilung getroffen werden. Dabei gab es verschiedene Möglichkeiten: Zum Beispiel wurde das Wasser in einem Wasserlauf oder einem Kanal in Anteile aufgeteilt, die jeweils auf Dauer oder zeitlich wechselnd dem Besitzer eines bestimmten Grundstücks zugesprochen wurden. Auch über die Art der Landbestellung waren unter Umständen Vereinbarungen nötig. Jemand, der nicht genug oder überhaupt kein Land hatte, bearbeitete vielleicht gegen einen festgesetzten Anteil des Ertrags das Land eines anderen oder pflanzte Obstbäume auf fremdem Land und galt als ihr Besitzer. Die Hirten in Nomadengruppen – sie zogen gemeinsam von einem Weideplatz zum anderen – bildeten ähnlich gegliederte soziale Einheiten, denn das Nomadentum verlangte ein gewisses Maß an Zusammenarbeit und sozialer Disziplin. Dabei gab es jedoch keine Aufteilung; Weideland und Wasser galten als Gemeinbesitz aller, die es nutzten.

Zwischen den beiden Grundformen der sozialen Einheit – die eine basierte auf verwandtschaftlichen Beziehungen, die andere auf gemeinsamen Interessen – bestand eine komplexe Beziehung. In schriftlosen Gesellschaften erinnern sich wenige Menschen an fünf Generationen ihrer Vorfahren, und es war deshalb eher ein symbolischer Ausdruck gemeinsamer Interessen, Anspruch auf eine gemeinsame Abstammung zu erheben;

man wollte der Gruppe dadurch eine Stärke geben, die sie sonst nicht gehabt hätte. Unter bestimmten Umständen konnte es jedoch zum Konflikt kommen. Wer von seiner Gruppe um Beistand gebeten wurde, half vielleicht nicht rückhaltlos, weil er damit andere Interessen verletzte oder eine andere persönliche Beziehung gefährdete.

Neben den mehr oder weniger dauerhaften sozialen Kerneinheiten gab es in vielen Fällen größere. Alle Dörfer eines Distrikts oder alle Hirtengruppen eines Weidegebietes oder sogar weit voneinander entfernt lebende Gruppen betrachteten sich vielleicht als Angehörige eines größeren Ganzen, einer »Fraktion« oder eines »Stammes«, der sich in ihren Augen von anderen ähnlichen Gruppierungen unterschied und möglicherweise im Gegensatz zu ihnen stand. Existenz und Einheit des Stammes beruhten im allgemeinen auf der Abstammung von einem gemeinsamen Vorfahren; meist war jedoch nicht bekannt, wie sich eine Fraktion oder Familie genau von diesem Stammvater ableiten ließ; und die überlieferten Genealogien waren in vielen Fällen fiktiv; von Zeit zu Zeit wurden sie abgeändert und manipuliert, um den veränderten Beziehungen zwischen den verschiedenen Einheiten Rechnung zu tragen. Aber selbst wenn sie fiktiv waren, konnten sie durch Eheschließungen innerhalb der Gruppe Gewicht und Beweiskraft erlangen.

Der Stamm war in erster Linie ein Name, der in der Vorstellung all jener existierte, welche damit eine Zusammengehörigkeit zum Ausdruck bringen wollten. Er hatte potentiell Einfluß auf ihr Handeln, zum Beispiel im Fall einer Gefahr von außen oder in Zeiten einer Wanderung in großem Maßstab. Der Stamm konnte einen Gemeinschaftsgeist (*asabiya*) besitzen, der seine Mitglieder dazu brachte, sich in Notzeiten gegenseitig beizustehen. Alle, die einen gemeinsamen Namen trugen, teilten auch den Glauben an ein hierarchisches Ehrsystem. Die Kamelnomaden der Wüste betrachteten sich als die ehrenhaftesten Stämme, denn sie führten das freieste Leben, das am wenigsten von einer äußeren Autorität eingeschränkt wurde. In ihren Augen standen die Händler in den kleinen Marktstädten, die umherziehenden Hausierer und Handwerker (etwa die jüdischen Metallhandwerker in der Sahara und die Solubba, die Metallhandwerker der Arabischen Wüste) und die Landarbeiter in den Oasen außerhalb des Stammessystems.

Namen konnten zusammen mit den damit verbundenen Loyalitäten und Ansprüchen Jahrhunderte überdauern – manchmal in einem Gebiet, manchmal in großen Regionen. Die Banu Hilal liefern ein Beispiel dafür, wie ein Name, der in der populären Literatur verklärt wurde, sich über Generationen hinweg halten und Gruppen unterschiedlicher Herkunft, sowohl Berbern als auch Arabern, eine Art Einheit verleihen konnte. Ähnlich existieren in Südwestarabien die Namen Haschid und Bakil seit frühislamischer Zeit bis heute, und in Teilen von Palästina dienten die alten arabischen Stammesnamen Qais und Jaman bis in die Neuzeit als Identifikationsmerkmale und als Beistandslosung bei dörflichen Bündnissen. In den Berberregionen des Maghreb spielten die Namen Sanhadscha und Zanata eine ähnliche Rolle.

In der Hirtengruppe und im Dorf (oder im Viertel) lag die Autorität, soweit es eine solche gab, in den Händen der Ältesten oder der Familienoberhäupter, die die kollektive Erinnerung der Gruppe bewahrten, wichtige Fragen von gemeinsamem Interesse entschieden und Meinungsverschiedenheiten schlichteten, welche die Gruppe zu spalten drohten. Bei seßhaften und nomadischen Gruppen entwickelte sich unter Umständen eine andere Art Führerschaft auf einer höheren Ebene. In den Dörfern eines Bergtals oder eines Distrikts in den Ebenen oder bei Hirten, die denselben Namen benutzten, gewann eine Familie vielleicht eine Vormachtstellung. Eines ihrer Mitglieder übernahm entweder durch Wahl oder eigene Tapferkeit die Führung der gesamten Gruppe. Solche Familien stießen manchmal von außen zu der Gruppe und erwarben sich ihre Stellung durch militärischen Einfluß, durch religiöse Ämter oder durch ihr Geschick als Schiedsrichter bei Streitigkeiten; möglicherweise hatten sie in Angelegenheiten der Gruppe mit der Stadt und ihrer Regierung verhandelt. Unabhängig von ihrer Herkunft galten sie dann als Stammesangehörige derselben wirklichen oder fiktiven Herkunft.

Die Macht solcher Führer und Familien variierte sehr stark. Es gab einerseits die Führer (*schaich*) der Nomadenstämme, die wenig effektive Macht besaßen. Sie konnten sich nur auf ihren Ruf innerhalb des Stammes verlassen. Wenn sie sich nicht in einer Stadt niederließen und dort eine andere Art Herrscher werden konnten, fehlte ihnen die Macht, etwas durchzusetzen; sie konnten sich nur auf ihre Anziehungskraft verlassen, so daß die Nomadenstämme abhängig vom Erfolg oder Versagen ihrer führenden Familie stärker oder schwächer wurden; Anhänger stießen zu ihnen oder verließen sie, obwohl dieser Vorgang durch die Manipulation von Genealogien häufig verschleiert wurde, so daß es aussah, als gehörten die Neuankömmlinge schon immer zur Gruppe.

Ziemlich am anderen Ende des Spektrums befanden sich die führenden Familien seßhafter, Landwirtschaft treibender Gemeinschaften. Sie hatten in den mehr oder weniger isolierten Gemeinden in Bergtälern eine besondere Bedeutung. Diese Familien gehörten der Gruppe vielleicht schon lange an, oder es waren Eindringlinge von außen, die ihre Stellung durch

Waffengewalt oder religiösen Einfluß errungen hatten, aber unter Umständen auch von der Regierung einer benachbarten Stadt dort als Führer eingesetzt worden waren. Die Stammessolidarität, die sie mit der örtlichen Bevölkerung verband, hatte im Laufe der Zeit vielleicht an Stärke verloren, aber dafür besaßen sie dank der Kontrolle über Befestigungen und bewaffnete Krieger ein gewisses Maß an äußerer Macht. Und wenn sich die Macht in ihrer Hand konzentrierte, wurde die *asabiya* eines Stammes durch eine andere Beziehung ersetzt – durch das Verhältnis von Herr und Untertan.

Kapitel 7

Das städtische Leben

Märkte und Städte

Bauern und Nomaden konnten einen Großteil ihres Bedarfs selbst produzieren. Die Bauern bauten ihre Häuser aus Lehmziegeln, ihre Frauen webten Teppiche und Kleiderstoffe, umherziehende Handwerker stellten Metallgeräte her oder reparierten sie. Die Bauern mußten jedoch einen Teil ihrer Erzeugnisse, den Überschuß, gegen andere Güter eintauschen – entweder für Produkte aus anderen Landesteilen oder für Gegenstände, die von spezialisierten Handwerkern hergestellt wurden. Dazu gehörten Zelte, Einrichtungsgegenstände, Geschirr für die Tiere, Kochutensilien und Waffen, die für das Überleben notwendig waren.

An Stellen, wo mehrere landwirtschaftliche Gebiete aneinandergrenzten, wurden regelmäßig Märkte abgehalten. Es gab dafür einen allgemein bekannten Ort, der leicht erreichbar und als neutraler Treffpunkt anerkannt war. Die Märkte konnten wöchentlich stattfinden – und beispielsweise als *suq al-arba'a* oder »Mittwochsmarkt« bekannt sein – oder einmal im Jahr, an einem Tag, der für das Grab eines Mannes (oder einer Frau) eine besondere Bedeutung hatte, der (die) als »Freund(in) Gottes« galt. Manche dieser Märkte entwickelten sich im Laufe der Zeit zu Dauereinrichtungen und wurden zu Städten, in denen Kaufleute und Handwerker ihren spezialisierten Tätigkeiten nachgingen, ohne selbst Felder bebauen oder das eigene Vieh hüten zu müssen. Die Mehrheit dieser Marktflecken war klein, sogar kleiner als manche Dörfer. Dort lebten vielleicht nur ein paar hundert oder auch um tausend Einwohner; es gab einen zentralen Markt und eine Hauptstraße mit Läden und Werkstätten. Die Marktflecken unterschieden sich nicht wesentlich von den Siedlungen der Umgebung. Und abgesehen vom festen Kern der städtischen Bevölkerung wechselten die Bewohner bei einer Veränderung der politischen oder wirtschaftlichen Lage von der Stadt auf das Land oder umgekehrt. Kleinere

Städte, die weit entfernt von großen Städten oder in Oasen lagen, unterstanden in der Regel der Autorität des *schaich* eines benachbarten Stammes oder eines lokalen Führers. Stammes- oder Dorffehden wurden nicht in den Markt hineingetragen; allgemein vertrat man die Ansicht, daß Handwerker und kleine Kaufleute außerhalb der Stammesordnung standen, und deshalb waren sie nicht wie die Stämme dem Kodex von Ehre und Rache unterworfen.

Manche Städte waren jedoch mehr als Marktflecken von lokaler Bedeutung. Sie lagen an Stellen, wo mehrere landwirtschaftliche Bezirke mit unterschiedlichen Produkten aneinandergrenzten; und dort nahm der Austausch dieser Erzeugnisse verständlicherweise besonders große und komplexe Formen an. Aleppo im nördlichen Syrien war zum Beispiel ein Treffpunkt für Verkäufer und Käufer von Getreide aus den Ebenen im Landesinneren, von Früchten und Erzeugnissen der Obstgärten und Bergwälder im Norden; hier verkaufte man Schafe aus den Bergen und Kamele aus der Weite der Syrischen Wüste. Lieferte das Umland im Überfluß Nahrungsmittel und Rohstoffe, die sich problemlos zum Markt transportieren ließen, konnte die Stadt zu einem Zentrum von spezialisierten Handwerkern werden, die ihre Erzeugnisse dann in großem Maßstab herstellten. Lag die Stadt am Meer oder an einem Fluß oder an einer Karawanenstraße, die sie mit gleichartigen anderen Städten verband, konnte sie sich zu einem Umschlagsplatz entwickeln oder zum Hafen für den Fernhandel mit wertvollen Gütern, die so hohe Gewinne einbrachten, daß sich die Kosten und Risiken des Transports über weite Entfernungen hinweg lohnten.

Unter diesen Bedingungen und bei einer jahrzehnte- oder jahrhundertelangen Stabilität solchen Lebens konnten große Städte heranwachsen und sich erhalten. Das Entstehen eines islamischen Reiches und einer islamischen Gesellschaft, die die Welt des Indischens Ozeans mit der mediterranen Welt verband, war eine Voraussetzung für das Wachstum großer Städte, die sich wie eine Kette von einem Ende der islamischen Welt zum anderen zog: Cordoba, Sevilla und Granada in Andalus, Fes und Marrakesch in Marokko, Kairuan und später Tunis in Tunesien, Fustat und danach Kairo in Ägypten, Damaskus und Aleppo in Syrien, Mekka und Medina in Westarabien, Bagdad, Mosul und Basra im Irak und weiter östlich die Städte des Iran, Transoxaniens und Nordindiens. Manche dieser Städte hatten bereits in vor-islamischer Zeit bestanden, andere verdankten ihre Gründung der islamischen Eroberung oder der Macht späterer Dynastien. Die meisten lagen im Landesinneren, nicht an der Küste; die Herrschaft der Muslime über die Mittelmeerküsten war ungesichert, und Häfen konnten vom Meer angegriffen und schlechter verteidigt werden.

Im zehnten und elften Jahrhundert waren die großen Städte der islamischen Länder die größten in der westlichen Hemisphäre. Zahlen können nicht mehr als grobe Schätzwerte sein, aber nach der Ausdehnung des Stadtgebietes und der Anzahl und Größe öffentlicher Gebäude zu urteilen, erscheint es nicht ausgeschlossen, daß Kairo zu Beginn des vierzehnten Jahrhunderts eine Viertelmillion Einwohner hatte; im vierzehnten Jahrhundert sank diese Zahl jedoch infolge einer Pestepidemie, dem »schwarzen Tod«; und es dauerte einige Zeit, bis Kairo wieder die frühere Größe erreichte. Die Zahl, die manchmal für Bagdad in der Zeit der größten Machtentfaltung der Abbasiden angegeben wird – eine Million oder mehr – ist ganz sicher zu hoch. Aber Bagdad muß zumindest vergleichbar mit Kairo gewesen sein; um 1300 allerdings war die Stadt als Folge des Zerfalls der Bewässerungskanäle im Umland und der Eroberung und Plünderung durch die Mongolen weitgehend entvölkert. Cordoba in Spanien mag ebenfalls eine Stadt dieser Größenordnung gewesen sein. Die Bevölkerungszahlen für Aleppo, Damaskus und Tunis im fünfzehnten Jahrhundert liegen etwa in der Größenordnung von fünfzig- bis einhunderttausend. In Westeuropa gab es um diese Zeit keine Stadt von der Größe Kairos. Florenz, Venedig, Mailand und Paris hatten vielleicht einhunderttausend Einwohner, während die Städte in England, den Niederlanden, in Deutschland und Zentraleuropa kleiner waren.

Die städtische Bevölkerung

Ein reiches und beherrschendes Element der städtischen Bevölkerung waren die großen Kaufleute, die eine Stadt mit Nahrungsmitteln und Rohstoffen aus den ländlichen Gebieten versorgten oder den Fernhandel mit wertvollen Gütern betrieben. Die Hauptwaren des Fernhandels in dieser Zeit waren Textilien, Glas, Porzellan aus China und – vielleicht am wichtigsten von allem – Gewürze. Sie kamen aus Süd- und Südostasien und wurden in frühislamischer Zeit in Basra und Siraf, den beiden Häfen am Golf, und später in einem der ägyptischen Häfen am Roten Meer entladen und nach Kairo transportiert. Von dort brachte man sie in die ganze mediterrane Welt – entweder auf Landrouten oder auf dem Seeweg über die Häfen Damietta, Rosetta und Alexandrien. Gold aus Äthiopien kam auf dem Nil und mit Karawanen nach Kairo und aus dem Gebiet des Niger durch die Sahara in den Maghreb. Sklaven bezog man aus dem Sudan, aus Äthiopien und aus den slawischen Ländern.
Nicht der gesamte Handel lag in den Händen muslimischer Kaufleute;

das Frachtgeschäft im Mittelmeer wurde weitgehend von europäischen Kaufleuten und Schiffen kontrolliert – zuerst von jenen aus Amalfi, danach von genuesischen und venezianischen Händlern. Im fünfzehnten Jahrhundert beteiligten sich auch Franzosen und Engländer an diesen Geschäften. Die Kaufleute in den großen muslimischen Städten hatten die Kontrolle über die wichtigen Landrouten im Maghreb, in West- und Zentralasien und über die Seewege des Indischen Ozeans, bis die Portugiesen am Ende des fünfzehnten Jahrhunderts den Seeweg um das Kap der Guten Hoffnung entdeckten. Die meisten dieser Händler waren Muslime wie die Karimi, die einige Zeit den ägyptischen Gewürzhandel beherrschten. Aber daneben gab es die jüdischen Kaufleute von Bagdad, Kairo und aus den Städten des Maghreb, die durch ihre Familien oder durch Glaubensbrüder Verbindungen zu den italienischen, nordeuropäischen und byzantinischen Städten hielten. Neben den Händlern der großen Städte gab es eng miteinander verbundene Kaufmannsgruppen in kleineren Ortschaften, die den Handel mit bestimmten Gütern kontrollierten. (Diese Tradition hat sich bis in die Neuzeit gehalten; im Maghreb kamen solche Gruppen in einer späteren Zeit von der Insel Dscherba vor der tunesischen Küste, aus der Oase Mzab am Wüstenrand und aus dem Bezirk Sus in Südmarokko.)

Für Handelsunternehmungen gab es zwei übliche Formen. Die eine war die Partnerschaft – oft von Mitgliedern einer Familie; zwei oder mehrere Partner teilten sich die Risiken und Gewinne im Verhältnis zu ihren Investitionen. Die andere Form war die *commenda* (*mudaraba*), bei der ein Investor jemandem Güter oder Kapital übergab, der damit Handel trieb und dem Investor danach das Kapital zusammen mit einem vorher festgelegten Gewinnanteil zurückzahlte. Die Kaufleute einer Stadt hatten oft Vertretungen in anderen Städten, und obwohl es kein organisiertes Bankenwesen gab, bestanden mehrere Möglichkeiten, Kredite über große Entfernungen hinweg zu vergeben – etwa durch das Ausstellen von Wechseln. Gegenseitiges Vertrauen, das auf gemeinsamen Werten und allgemein anerkannten Regeln basierte, war die Grundlage des Handels.

Die großen Städte waren auch Manufakturzentren, in denen Massenwaren für den lokalen Markt produziert wurden – Textilien, Metallarbeiten, Töpferwaren, Lederwaren und haltbar gemachte Nahrungsmittel – und Qualitätswaren, vor allem feine und kostbare Gewebe, für einen größeren Markt. Es gibt jedoch Hinweise darauf, daß die Produktion für Märkte außerhalb der muslimischen Welt ab dem elften Jahrhundert an Bedeutung verlor und dafür der Transithandel mit ausländischen, in China, Indien oder Westeuropa hergestellten Waren wichtiger wurde. Diese Veränderung stand in Zusammenhang mit dem Aufblühen des urbanen Lebens

DIE STÄDTISCHE BEVÖLKERUNG 153

in Europa und im besonderen mit dem Wachstum der Textilindustrie in Italien.
Üblicherweise gab es nur kleine Produktionsbetriebe. Der Meister beschäftigte ein paar Arbeiter und Lehrlinge in seiner Werkstatt; zu den größeren Betrieben gehörten solche, die für einen Herrscher oder das Militär produzierten – Waffenschmiede und königliche Textilmanufakturen – oder die Zuckerraffinerien in Ägypten und an einigen anderen Orten. Die Händler waren nicht die einzige, fest in der Stadt verwurzelte Schicht. Ladenbesitzer und Gewerbetreibende bildeten eine urbane Klasse mit einer eigenen Tradition. Fertigkeiten wurden vom Vater an den Sohn weitergegeben. Das Eigentum oder der Besitz eines Ladens oder einer Werkstatt konnte über Generationen vererbt werden, und die Zahl solcher Betriebe war durch Platzmangel, mitunter auch durch staatliche oder städtische Regelungen begrenzt. Ein Chronist des modernen Fes hat darauf hingewiesen, daß die Lage und Größe der wichtigsten Basare und Handwerkerbezirke zu Beginn des zwanzigsten Jahrhunderts ungefähr den Berichten des Schriftstellers Leo Africanus (ca. 1485–1554) über das sechzehnte Jahrhundert entsprach. Die Gewinne dieser Gesellschaftsschicht waren nicht so hoch wie die der großen Kaufleute. Durch Gewerbe oder den Einzelhandel ließ sich nicht solcher Reichtum erwerben wie durch den Fernhandel mit wertvollen Gütern. Viele Handwerker hatten nur ungenügende finanzielle Mittel; eine Studie über Kairo zeigt, daß sich ein beträchtlicher Teil der Läden und Werkstätten im Besitz großer Händler oder religiöser Stiftungen befand. Als eine zuverlässige und beständige Bevölkerungsschicht, die im Einklang mit allgemeingültigen Regeln von Ehrlichkeit und anständiger Arbeit einer ehrenhaften Beschäftigung nachging, genossen sie jedoch einiges Ansehen. Es gab eine Hierarchie in der Achtung, welche die Gewerbe genossen; sie reichte von der Edelmetallverarbeitung, der Papier- und Parfümherstellung bis hin zu so »schmutzigen« Gewerben wie Gerber, Färber und Schlachter.

Neben dieser stabilen Schicht von Handwerkern und Ladenbesitzern mit festen und permanenten Adressen gab es einen großen Bevölkerungsanteil, der Beschäftigungen nachging, die weniger Können verlangten: Hausierer, Straßenreiniger und das großstädtische Proletariat mit unregelmäßiger Beschäftigung. In den meisten Fällen müssen ländliche Zuwanderer einen großen Anteil dieser Schicht gebildet haben. Die Grenze zwischen Stadt und Land war nicht klar gezogen; in der Umgebung der Städte lagen Marktgärten, wie die in der Ghuta, der großen, bewässerten obsterzeugenden Region um Damaskus; die Männer, die diese Gärten bearbeiteten, lebten unter Umständen in der Stadt. An den Rändern der

Städte gab es Bezirke, in denen die Karawanen zusammengestellt und wohin Tiere gebracht und für den langen Weg ausgerüstet wurden. Diese Bezirke waren Anziehungspunkte für eine ständig fluktuierende Bevölkerung aus dem Umland. Auch Dürreperioden oder unruhige Zeiten trieben Bauern aus ihren Dörfern in die Städte.

Das Gesetz und die ulama

Das Leben in den großen Städten stellte andere Anforderungen als das Leben von Dorf- und Zeltbewohnern. Die Interaktion spezialisierter Arbeiter und der Verkäufer von Produkten, das Zusammentreffen von Menschen unterschiedlicher Herkunft und Religion, die vielfältigen Möglichkeiten und Probleme des Lebens auf Straßen und Märkten verlangten eine Verhaltensnorm, ein System von Regeln und Gewohnheiten, deren Gültigkeit anerkannt und die häufiger befolgt als übertreten wurden. Örtlicher Brauch (*urf*) allein, den die Ältesten der Gemeinde bewahrten und interpretierten, reichte in einer Stadt nicht mehr aus. Seit der Abbasidenzeit akzeptierte die städtische Muslimbevölkerung allgemein die *schari'a*; Muslimherrscher sahen in ihr eine Richtschnur für den Umgang der Muslime untereinander. Die *schari'a* bestimmte die Formen kommerzieller Verträge, die Grenzen, innerhalb derer legitime Gewinne gemacht werden konnten, die Beziehungen von Eheleuten und die Teilung von Grundbesitz.

Die Richter, die die *schari'a* anwandten, wurden an besonderen Hochschulen, den *madaris* ausgebildet. Ein *qadi* saß in seinem Haus oder in einem Gerichtsgebäude, und ein Sekretär hielt seine Entscheidungen schriftlich fest. Im Prinzip war nur die mündliche Aussage ehrbarer Zeugen anerkannt; es bildete sich deshalb eine Gruppe von Gerichtszeugen (*udul*) heraus, die für die Wahrheit der Aussagen anderer bürgten und ihnen Glaubwürdigkeit verliehen. In der Praxis konnten schriftliche Dokumente zugelassen werden, wenn *udul* sie beglaubigten und so in eine mündliche Zeugenaussage verwandelten. Im Laufe der Zeit erkannten manche Dynastien die vier *madhahib* oder Rechtsschulen als gleichwertig an: unter den Mamluken gab es offiziell ernannte Kadis aller vier *madhahib*. Jeder *qadi* fällte Urteile in Übereinstimmung mit der Lehrmeinung seiner eigenen *madhhab*. Es gab keine Berufungsinstanz; der Spruch eines *qadi* konnte von einem anderen nur bei Vorliegen eines Verfahrensfehlers aufgehoben werden.

Im Prinzip entschied der Richter nach dem einzig anerkannten Recht, das sich aus der Offenbarung ableitete. In der Praxis war das System jedoch nicht so allumfassend oder unflexibel wie es scheinen mag. Die *schari'a* erfaßte nicht den gesamten Bereich menschlichen Handelns. Am genauesten war sie in Fragen des Familienrechts (Ehe, Scheidung und Erbe), weniger eindeutig in Handelsangelegenheiten und am wenigsten klar in strafrechtlichen und konstitutionellen Fragen. Der *qadi* besaß eine gewisse Kompetenz in strafrechtlichen Dingen, wenn es um bestimmte Handlungen ging, die der Koran ausdrücklich verbot und mit vorgegebenen Strafen belegte (unerlaubter Geschlechtsverkehr, Diebstahl, der Genuß von Wein); außerdem hatte er die allgemeinere Befugnis, Verstöße gegen die Religion zu bestrafen. (In der Praxis lag das Strafrecht, besonders in Fällen, die das Staatswohl betrafen, meist in der Hand des Herrschers oder seiner Beamten und nicht beim *qadi*.)

Selbst in dem Bereich der Rechtsprechung, der üblicherweise dem *qadi* überlassen blieb, war das Recht nicht so unflexibel, wie man anhand der Gesetzesbücher glauben könnte. Der *qadi* sah sich häufig in der Rolle eines Vermittlers, der den sozialen Frieden wahren wollte, indem er bei einem Streitfall eine von beiden Parteien akzeptierte Lösung fand, anstatt nach dem Buchstaben des Gesetzes zu urteilen. Neben dem *qadi* gab es noch einen anderen kundigen Fachmann, den Rechtsgutachter (*mufti*), der für Entscheidungen (*fatwa*) in Fragen des Gesetzes zuständig war. Der *qadi* erkannte Fatwas oftmals an, und nach einer gewissen Zeit wurden sie in die Gesetzeshandbücher aufgenommen.

Der *qadi* war eine zentrale Gestalt im Leben der Stadt. Er sprach nicht nur Recht, sondern war beim Tod eines Mannes auch verantwortlich für die Aufteilung des Grundbesitzes nach den Bestimmungen des Erbrechts; und ein Herrscher konnte ihm noch weitere Befugnisse übertragen. Die Juristen, die Recht sprachen, es lehrten und deuteten, und andere, die religiöse Funktionen versahen – als Vorbeter in den Moscheen oder Prediger – bildeten inzwischen eine besondere gesellschaftliche Schicht der urbanen Gesellschaft: die *ulama*, die Religionsgelehrten, die Hüter der anerkannten Glaubensordnung, des Wertsystems und der überlieferten Praktiken. Man kann sie nicht als eine geschlossene Klasse ansehen, denn sie verteilten sich auf die ganze Gesellschaft, hatten verschiedene Funktionen und genossen ein unterschiedlich hohes Ansehen. An ihrer Spitze jedoch stand eine Gruppe, die voll in die städtische Elite integriert war – die oberen *ulama'*. Das waren die Richter an den wichtigsten Gerichtshöfen, Professoren der großen Hochschulen, Prediger der Hauptmoscheen und Hüter von Heiligtümern, wenn sie für ihre Gelehrsamkeit und Frömmigkeit bekannt waren. Manche dieser Männer nahmen für sich die Abstammung vom Propheten durch seine Tochter Fatima und ihren Mann Ali ibn Abi Talib in Anspruch. Inzwischen brachte man den Nachfahren des Propheten, den Sayids oder Scherifen, besondere Achtung entgehen, und mancherorts übernahmen sie Führungsrollen. Die beiden Dynastien, die ab dem sechzehnten Jahrhundert Marokko beherrschten, gründeten ihren Legitimitätsanspruch auf ihren Status als Scherife.

Die oberen *ulama* waren eng verbunden mit den anderen Schichten der urbanen Elite, den großen Händlern und den Meistern geachteter Gewerbe. Sie hatten eine gemeinsame Kultur; die Händler schickten ihre Söhne in die Schulen, wo sie von den Religionsgelehrten in Arabisch und dem Koran und manchmal auch in der Rechtswissenschaft unterrichtet wurden. Es war nicht ungewöhnlich, daß ein Mann nicht nur Gelehrter und Lehrer, sondern auch Händler war. Die Kaufleute brauchten die *ulama* als Juristen, die offizielle Dokumente zuverlässig abfaßten, Besitzstreitigkeiten regelten und nach dem Tod eines Mannes die Aufteilung des Erbes überwachten. Einflußreiche und geachtete Kaufleute konnten als *udul* fungieren, als Männer von gutem Ruf, deren Aussage ein *qadi* anerkannte.

Es gibt Hinweise darauf, daß Familien von Kaufleuten, Handwerksmeistern und *ulama* durch Heirat gezielt Verbindungen miteinander knüpften; so konnte die Verflechtung ökonomischer Interessen unter Umständen durch eine Ehe untermauert werden, denn eim Familienverbund sorgte für eine Konzentration des Reichtums der Stadt in wenigen Händen. Der persönliche Charakter der Beziehungen, von denen der Handel abhängig war, führte zum schnellen Aufstieg und auch zum Fall von Familien, die ihren Reichtum im Handel investierten; *ulama*-Familien neigten dazu, sich länger zu halten; die Väter machten es sich zur Aufgabe, ihre Söhne zu Nachfolgern heranzuziehen; und wer hohe Ämter bekleidete, konnte seinen Einfluß zugunsten jüngerer Familienmitglieder geltend machen.

Ob Händler oder obere *ulama*, wer Reichtum hatte, konnte ihn durch ein von der *schari'a* gebilligtes System religiöser Stiftungen (*auqaf* oder *hubus*) von einer Generation an die nächste weitergeben. Ein *waqf* war die dauernde Festlegung der Einkünfte aus Grund- oder Immobilienbesitz für wohltätige Zwecke, etwa den Unterhalt von Moscheen, Schulen, Hospitälern, öffentlichen Brunnen oder Herbergen für Reisende, für die Befreiung von Gefangenen oder die Pflege kranker Tiere. Diese Einkünfte konnten jedoch auch zum Nutzen der Familie des Stifters dienen. Der Stifter ernannte ein Familienmitglied zum Stiftungsverwalter und legte ein Salär für ihn fest. Oder er bestimmte, daß die Überschüsse aus dem Stiftungsvermögen so lange seinen Nachkommen zuflossen, bis die Familie ausstarb, und erst dann wohltätigen Zwecken zugeführt werden durfte. Solche Bestimmungen führten jedoch zu Mißbrauch. Deshalb wurden Stiftungen der Kontrolle des *qadi* und schließlich des Herrschers unterstellt; sie sicherten in einem gewissen Maß die Übertragung von Vermögenswerten vor den Unberechenbarkeiten des Handels, der Verschwendungssucht von Erben oder dem Zugriff von Herrschern.

ANMERKUNGEN

Prolog

1 Abd ar-Rahman ibn Chaldun: *Muqaddima* (Kairo, o.D.), S. 33; nach der englischen Übersetzung von F. Rosenthal: *The Muqaddimah* (London, 1958), Bd. 1, S. 65.
2 Ebd., S. 163; englische Übers. Bd. 1, S. 330.
3 Ibn Chaldun: *At-ta'rif bi Ibn Chaldun*, Hg. M. T. az-Tandschi (Kairo, 1951), S. 246; nach der franz. Übers. A. Cheddadi: *Ibn Khaldun: Le voyage d'Occident et d'Orient* (Paris, 1980), S. 148.

Kapitel 1

1 R. B. Serjeant: »*Haram and hawta: the sacred enclave in Arabia*« in: A. R. Badawi (Hg.): *Mélanges Taha Hussein* (Kairo, 1962), S. 41–58.
2 F. A. al-Bustani und andere (Hg.): *Al-madschani al-haditha*, Bd. 1 (Beirut, 1946), S. 103; nach der englischen Übers. A. J. Arberry: *The Seven Odes* (London, 1957), S. 142.
3 Ebd., S. 112–13; engl. Übers. S. 147.
4 Ebd., S. 88; nach der engl. Übers. S. 147.
5 Für diese und spätere Zitate aus Biographien des Propheten siehe A. Guillaume: *The Life of Muhammad* (London, 1955), eine Übersetzung von Ibn Ishaqs *Sira* (Leben des Propheten).
6 Koran 96: 1–8; nach der Übersetzung von Max Henning, Stuttgart, 1960.

Kapitel 2

1 O. Grabar: *Die Entstehung der islamischen Kunst* (Köln, 1977), S. 52–78.
2 Muhammad ibn Dscharir at-Tabari: *Tarich*, Hg. M. Ibrahim, Bd. 7 (Kairo, 1966), S. 421–31; nach der engl. Übers. J. A. Williams: *The History of at-Tabari 27: The Abbasid Revolution* (Albany, New York, 1985), S. 154–57.
3 Ebd., S. 614–22; nach der engl. Übers. J. A. Williams: *At-Tabari, the early Abbasi Empire 1: The reign of al-Ja'far al-Mansur* (Cambridge, 1988), S. 145.
4 Al-Chatib al-Baghdadi: *Tarich Baghdad*, Bd. 1 (Kairo, 1931), S. 100 ff.; nach der engl. Übers. in J. Lassner: *The Topography of Baghdad in the Early Middle Ages* (Detroit, 1970), S. 86 ff.

ANMERKUNGEN 159

Kapitel 3

1 R. W. Bulliet: *Conversions to Islam in the Medieval Period* (Cambridge, Massachusetts, 1979).
2 Abu at-Taiyib al-Mutanabbi: *Diwan*, Hg. A. W. al-Azzam (Kairo, 1944), S. 355-56; nach der engl. Übers. A. J. Arberry: *Poems of al-Mutanabbi* (Cambridge, 1967), S. 76.
3 Ebd., S. 322-55; nach der engl. Übers. S. 70-74.
4 Amr ibn Bahr al-Dschahiz: »*An-nubl wa t-tanabbul wa dhamm al-kibr*« in: C. Pellat: »Une risala de Gahiz sur le ›snobisme‹ et l'orgueil«, *Arabica*, Bd. 14 (1967), S. 259-83; dt. Übers. in C. Pellat: *Arabische Geisteswelt* (Zürich, 1967), S. 372-375.
5 Muhammad Abu Raihan al-Biruni: *Kitab tarich al-Hind* (Haiderabad, 1958), S. 5; nach der engl. Übers. E. Sachau: *Alberuni's India* (London 1988), Bd. 1, S. 7.
6 Ebd., S. 85; engl. Übers. S.111-12.
7 Ebd., S. 76; engl. Übers. S. 100.
8 Biruni: *Kitab as-saidala fi t- tibb,* Hg. und engl. Übers.: H. M. Said (Karatschi, 1973), S. 12.
9 U. Haarmann: »Regional sentiment in medieval Islamic Egypt«, *Bulletin of the School of Oriental and African Studies,* Bd. 43 (1980), S. 55-66; Haarmann: »Die Sphinx: systematische Volksreligiosität im spätmittelalterlichen Ägypten«, *Saeculum,* Bd. 29 (1978), S. 367-84.

Kapitel 4

1 P. Crone und M. Hinds: *God's Caliph* (Cambridge, 1986).
2 Koran, 8: 20, zit. nach: *Der Koran* in der Übersetzung von Max Henning (Stuttgart 1960).
3 Muhammad ibn Idris asch-Schafi'i: *Ar-risala*, Hg. A. M. Schakir (Kairo, 1940); nach der engl. Übers. von M. Khadduri: *Islamic Jurispridence: Shafi'i's Risala* (Baltimore, 1961).
4 Koran 26:192, 13:37.
5 Koran 7:171.
6 Ahmad ibn Abd Allah al-Isfahani: *Hilyat al-auliya*, Bd. 2 (Kairo, 1933), S. 132, 140; nach der engl. Übers. J. A. Williams: *Islam* (New York), 1961), S. 124.
7 Muhammad ibn Ali at-Tirmidhi: *Kitab chatm al-auliya*, Hg. U. Yahya (Beirut, 1965), S. 13-32.
8 Isbahani: *Hilyat al-auliya*, Bd. 10 (Kairo, 1938), S. 79; nach der engl. Übers. von M. S. Smith: *An Early Mystic of Islam* (London, 1935), S. 243.
9 Ya'qub ibn Ishaq al-Kindi: »*Fi l-falsafa al-ula*« in: M. A. Abu Rida (Hg.): *Rasa'il al-Kindi al-falsafiya* (Kairo, 1950), S. 103; nach der engl. Übers. R. Walzer in: *Greek into Arabic* (Oxford, 1962), S. 12.
10 Ahmad ibn al-Qasim ibn Abi Usaibi'a: *Uyun al-anba fi tabaqat al-atibba* (Beirut, 1979), Bd. 1, S. 43; nach der engl. Übers. in F. Rosenthal: *The Classical Heritage in Islam* (London, 1975), S. 183.
11 A. I. Sabra: »Der islamische Beitrag zur Entwicklung der Wissenschaft«, in: B. Lewis (Hg.): *Die Welt des Islam* (Braunschweig, 1976).

Kapitel 6

1 R. M. Adams: *Land behind Baghdad* (Chicago, 1965).
2 M. Brett: »Ibn Khaldun and the Arabisation of North Africa«, *Maghreb Review*, Bd. 4,i (1979), S. 9–16; und »The Fatimid revolution (861–973) and its aftermath in North Africa«, in: J. D. Fage (Hg.): *Cambridge History of Africa*, Bd. 2 (Cambridge, 1978), S. 631–6.
3 L. Abu Lughod: *Veiled Sentiments* (Berkeley, 1986), S. 147.

Kapitel 7

1 Ibn al-Haddsch: *Al madchal* (Kairo, 1929), Bd. 1, S. 245–46.
2 Koran, 40:43. Der Koran in der Übersetzung von Max Henning, eine andere Angabe als im Original: dort 40.40; 16:97 – ist nur der erste Teil.
3 R. Le Tourneau: *Fes avant le protectorat* (Casablanca, 1949), S. 565–56.
4 Muhammad ibn Abd Allah ibn Battuta: *Rihla*, Hg. T. Harb (Beirut, 1987); engl. Übers. H. A. R. Gibb: *The Travels of Ibn Battuta*, Bd. 1–3 (Cambridge, 1958–72).